Français
Livre de lecture CE1

Michelle Sommer
Jean Flaven

8, rue Férou 75278 Paris cedex 06
www.editions-belin.com

Préface

Les objectifs du CE1

À la fin du Cours Préparatoire, l'élève est en mesure de lire et de comprendre un texte simple. L'enseignement au CE1 va lui permettre de devenir un lecteur plus habile tout en accédant progressivement à l'expression écrite.
Les programmes 2008 mettent l'accent sur les compétences à acquérir : « *Au cours élémentaire première année, des textes plus longs et plus variés, comportant des phrases plus complexes, sont progressivement proposés aux élèves.*
Savoir déchiffrer et reconnaître la signification des mots ne suffit pas pour lire une phrase ou un texte ; les élèves apprennent aussi à prendre appui sur l'organisation de la phrase ou du texte qu'ils lisent. Ils acquièrent le vocabulaire et les connaissances nécessaires pour comprendre les textes qu'ils sont amenés à lire.
Les élèves apprennent à rédiger de manière autonome un texte court : rechercher et organiser des idées, choisir du vocabulaire, construire et enchaîner des phrases, prêter attention à l'orthographe. »
Le CE1 est une classe décisive dont l'objectif est d'éveiller chez l'enfant une curiosité vis-à-vis de la langue et de faire naître chez lui le désir de se saisir des divers outils grammaticaux pour mieux exprimer sa pensée. Il est également essentiel à ce stade de lui faire découvrir le plaisir de lire, tout en l'aidant à devenir un lecteur plus habile.

Tout le français au CE1, un manuel complet, en deux volumes

Les compétences à acquérir au CE1 en matière de maîtrise de la langue sont multiples. Aussi pour traiter avec rigueur tous les aspects des apprentissages, nous proposons l'étude du français au CE1 en deux volumes complémentaires.
Étude de la langue CE1 : l'enseignement méthodique du vocabulaire, de la grammaire, de la conjugaison et de l'orthographe, l'entraînement à la rédaction d'écrits.
Livre de lecture CE1 : un recueil de textes d'auteurs, vrai livre de lecture pour donner le goût de lire et qui permet aussi de travailler la compréhension, l'expression orale et écrite. En privilégiant la qualité du contenu on favorisera la réussite du plus grand nombre d'enfants. De plus, les savoirs qui concourent à la maîtrise de la langue étant interdépendants, nous avons porté la plus grande attention à la cohérence et à la complémentarité entre les volumes. Le thème et le contenu des 30 leçons sont traités en parallèle dans les deux ouvrages.

Guides pédagogiques

Le guide pédagogique *Étude de la langue* expose les objectifs et les moyens de l'enseignement du langage écrit au CE1. Une leçon type est proposée, suivie de conseils précis, leçon par leçon, pour chaque rubrique. À la fin de chaque leçon, un modèle de dictée est donné au professeur. Le guide pédagogique est accompagné d'évaluations et d'un fichier photocopiable plus particulièrement destiné aux enfants en difficulté (exercices et jeux).
Des conseils et outils pour présenter chaque texte et en conduire l'étude sont donnés dans le guide pédagogique *Livre de lecture*.

Le code de la propriété intellectuelle n'autorise que « les copies ou reproductions strictement réservées à l'usage privé du copiste et non destinées à une utilisation collective » [article L. 122-5] ; il autorise également les courtes citations effectuées dans un but d'exemple ou d'illustration. En revanche « toute représentation ou reproduction intégrale ou partielle, sans le consentement de l'auteur ou de ses ayants droit ou ayants cause, est illicite » [article L. 122-4]. La loi 95-4 du 3 janvier 1994 a confié au C.F.C. (Centre français de l'exploitation du droit de copie, 20, rue des Grands-Augustins, 75006 Paris), l'exclusivité de la gestion du droit de reprographie. Toute photocopie d'œuvres protégées, exécutée sans son accord préalable, constitue une contrefaçon sanctionnée par les articles 425 et suivants du Code pénal.

© Éditions Belin, 2009

ISBN 978-2-7011-4947-9

Le livre de lecture CE1

Le livre de lecture CE1 permet de développer simultanément et progressivement :

- **Le langage oral** : le travail sur le vocabulaire et la structure de la langue est indispensable à l'accès au langage écrit (compréhension et rédaction).
- **Les capacités en lecture** : l'enseignement sera centré sur la consolidation des acquis, le déchiffrage précis et rapide, l'intonation, la compréhension.
- **Le plaisir de lire** : c'est un objectif majeur du CE1. On proposera au jeune lecteur des textes d'auteurs, variés, bien adaptés à ses préoccupations, suffisamment étoffés pour susciter son intérêt.
- **L'aptitude à la rédaction de textes écrits courts**. On guidera progressivement les élèves pour qu'ils soient en mesure, en fin d'année, de rédiger de façon autonome un texte de quelques phrases simples, bien orthographiées.

Deux parties complémentaires

- **Lire pour découvrir le monde** : les 30 leçons respectent les thèmes du vocabulaire et la progression du volume *Étude de la langue*. Les textes sont suivis de questions destinées à vérifier et faciliter la compréhension, à susciter l'expression écrite, à travailler le vocabulaire, la grammaire, la conjugaison ou l'orthographe.
- **Lire et débattre** : les textes sont plus longs pour mener progressivement l'enfant vers la lecture d'ouvrages complets. Les questions permettent de débattre à partir des idées véhiculées par un texte.

Donner le goût de lire

- Donner le goût de lire aux enfants suppose que l'effort demandé reste modéré. Chaque extrait a un sens, les lecteurs disposent de suffisamment d'éléments pour s'intéresser au récit et peuvent découvrir comment il se conclut.
- Les textes ont été choisis pour leur intérêt, pour la qualité de l'écriture et parce qu'ils permettent de mettre l'enfant en contact avec la **diversité de la langue écrite**. « *La lecture de textes du patrimoine et d'œuvres destinés aux jeunes enfants, dont la poésie, permet d'accéder à une première culture littéraire.* » (Programmes 2008.). On abordera ainsi différentes formes de la langue : contes, récits, poèmes, théâtre, fables, BD ou documentaires. Tous les textes sont écrits par des auteurs du patrimoine ou par des auteurs contemporains de littérature pour la jeunesse. « *La sensibilité artistique et les capacités d'expression des élèves sont développées par les pratiques artistiques, mais également par des références culturelles liées à l'histoire des arts. Ces activités s'accompagnent de l'usage d'un vocabulaire précis qui permet aux élèves d'exprimer leurs sensations, leurs émotions, leurs préférences et leurs goûts. Un premier contact avec des œuvres les conduit à observer, écouter, décrire et comparer.* » (Programmes 2008.) Certains textes vous permettront d'associer la lecture à d'autres modes d'expression : le cinéma (*Le Magicien d'Oz, Pinocchio*), la musique ou la chanson (*Pierre et le loup, L'Eau Vive*), les arts plastiques (la peinture et la sculpture).

Progressivité des difficultés

- Tout en restant toujours bien adapté au niveau des élèves de CE1, le degré de **difficulté des textes** va croissant au fil de l'ouvrage. Le grand nombre de textes proposés devrait permettre aux enseignants de faire des choix adaptés aux niveaux (souvent hétérogènes) de leurs élèves.
- Les **Questions pour la classe** précèdent systématiquement les questions adressées à l'élève seul(e). Les questions de la rubrique **Écris seul(e)** sont plus faciles que les précédentes : une des phrases du texte sert directement de base à la réponse.

À partir de la leçon 20, les questions appelant des réponses individuelles laisseront place à un exercice demandant plus d'**autonomie** : l'enfant devra rédiger un nombre de phrase progressivement plus grand.

Comment utiliser ce manuel

On expliquera le **vocabulaire** avant de proposer la lecture du texte aux élèves, ainsi qu'après une première lecture.

Les questions de la rubrique **Comprendre pour écrire** permettront d'abord de vérifier la bonne compréhension du texte ; une réponse écrite à chaque question sera élaborée collectivement, écrite au tableau par l'enseignant, puis copiée par les enfants. Un bref résumé du texte pourra également être élaboré en classe (cf. Guide pédagogique). Ce travail de compréhension est ensuite complété par un travail individuel.

Les élèves répondront individuellement par écrit aux questions des rubriques **Vocabulaire**, **Orthographe**, **Grammaire** et **Conjugaison**. Un travail oral préparatoire à ces réponses écrites sera effectué quand l'enseignant l'estimera préférable.

Table des matières

Lire pour découvrir le monde

1 **L'école**
Bidochet le petit ogre (1) 8
Bidochet le petit ogre (2) 10
   Pierre Dubois

Ponctuation 12
   Maurice Carême

2 **La journée**
Une journée bien remplie 14
   Sylvie Girardet

3 **La famille**
La destinée de la famille Campagnol (1) 16
La destinée de la famille Campagnol (2) 18
   Yvan Pommaux

4 **La semaine**
Pinocchio (1) 20
Pinocchio (2) 22
   Carlo Collodi

L'écolier 24
   Raymond Queneau

5 **Les mois**
Le Grand Nord des Inuits 26

6 **S'habiller**
À travers les siècles 28

7 **Manger**
Manger est un plaisir 30
   Michèle Mira Pons

Grenouilles aux pommes 32
   Roald Dahl

8 **Les quatre saisons**
Pourquoi les conifères restent toujours verts (1) 34
Pourquoi les conifères restent toujours verts (2) 36
Pourquoi les conifères restent toujours verts (3) 38
Pourquoi les conifères restent toujours verts (4) 40
   Traditionnel

Une histoire à suivre 41
   Claude Roy

9 **Les jeux**
Danny, le champion du monde 42
   Roald Dahl

Jeux d'enfants 44

10 **Les transports**
Le vieux Machin et ses machines 45
   Henriette Bichonnier

L'autobus 48
   Jacques Charpentreau

11 **Où est-ce ?**
La grotte de Lascaux 52

12 **La maison**
La girafe, le pélican et moi (1) . 54
La girafe, le pélican et moi (2) .. 56
   Roald Dahl

13 **L'heure**
L'histoire de la forêt des arbres à pendules 58
   Claude Roy

14 **Voir, entendre**
Pierre et le loup (1) 60
Pierre et le loup (2) 62
   Sergueï Prokofiev

15 **Le corps**
Je suis malade (1) 64
   J.-J Sempé, R. Goscinny

16 **La santé**
Je suis malade (2) 66
   J.-J Sempé, R. Goscinny

17 **Grandir**
  Manger pour vivre 68
    Michèle Mira Pons
  Les beaux métiers 70
    Jacques Charpentreau

18 **Le caractère**
  La fuite des animaux (1) 72
  La fuite des animaux (2) 74
    Jeanne M. Lee

19 **Les plantes**
  Tistou les pouces verts (1) 76
  Tistou les pouces verts (2) 78
    Maurice Druon

20 **Les animaux**
  Une leçon de pêche 80
    Roberto Piumini
  Dinosaures
  et autres Bêtosaures 82
    Jeanne-Marie Pubellier

21 **Préserver la Terre**
  Qui mange qui et quoi ? 84
    François Michel
  C'est avec du vieux qu'on fait
  du neuf ! 86
    François Michel

22 **La vie des animaux**
  Le léopard 88
    Robert Desnos
  Le Petit Prince 90
    Antoine de Saint-Exupéry

23 **La croissance des plantes**
  Une vie d'arbre 92
    Jean-Benoît Durand
  Homonymes 93
    Maurice Carême

24 **L'alimentation des animaux**
  Un énorme appétit 94
    Roberto Piumini

25 **L'air**
  La légende d'Icare 96
    A.-T. White
  L'air en conserve 99
    Jacques Charpentreau

26 **L'eau**
  L'eau vive 100
    Guy Béart

27 **Le froid, le chaud**
  Dimitri le frileux 102
    Traditionnel

28 **Le progrès**
  D'hier… à aujourd'hui 104
    Isabelle de Froment

29 **Le feu**
  Roche-Écrite : incendie
  maîtrisé 106
    Alain Witz

30 **Classer les animaux**
  Sculptures d'animaux 108
  Les animaux ont des ennuis ... 110
    Jacques Prévert

Bande dessinée
  Yakari 112
    Derib – Job

Partager le plaisir de lire
Lire et débattre

Le petit violon 114
  Jean-Claude Grumberg

Les Fleurs de la Petite Ida 118
  Hans-Christian Andersen

Scoubidou, la poupée
qui sait tout 126
  Pierre Gripari

Le Corbeau et le Renard 140
  Jean de La Fontaine

Le roitelet 142
  Les frères Grimm

Les vacances du petit Nicolas 146
  J.-J Sempé, R. Goscinny

Le Magicien d'Oz 152
  L. Frank Baum

Table des matières

Récits

Bidochet le petit ogre   P. Dubois 8
La destinée de la famille Campagnol   Y. Pommaux 16
Pinocchio   C. Collodi 20
Danny, le champion du monde   R. Dahl 42
Le vieux Machin et ses machines   J. Bichonnier 45
La girafe, le pélican et moi   R. Dahl 54
Je suis malade   J.-J Sempé, R. Goscinny 64
La fuite des animaux   J. M. Lee 72
Tistou les pouces verts   M. Druon 76
Le Petit Prince   A. de Saint-Exupéry 90
Scoubidou, la poupée qui sait tout   P. Gripari 126
Les vacances du petit Nicolas   J.-J Sempé, R. Goscinny 146

Poésies, fables, chansons

Ponctuation   M. Carême 12
L'écolier   R. Queneau 24
Une histoire à suivre   C. Roy 41
L'autobus   J. Charpentreau 48
Pierre et le loup   S. Prokofiev 60
Les beaux métiers   J. Charpentreau 70
Dinosaures et autres Bêtosaures   J.-M. Pubellier 82
Le léopard   R. Desnos 88
Homonymes   M. Carême 93
L'air en conserve   J. Charpentreau 99
L'eau vive   G. Béart 100
Les animaux ont des ennuis   J. Prévert .. 110
Le Corbeau et le Renard   J. de La Fontaine 140

Théâtre

Le petit violon   J.-C. Grumberg 114

Contes, légendes

Pourquoi les conifères restent toujours verts   Traditionnel 34
L'histoire de la forêt des arbres à pendules   C. Roy 58
La légende d'Icare   A.-T. White 96
Dimitri le frileux   Traditionnel 102
Les Fleurs de la Petite Ida   H.-C. Andersen 118
Le roitelet   Les frères Grimm 142
Le Magicien d'Oz   L. Frank Baum 152

Documentaires

Une journée bien remplie   S. Girardet ... 14
Le Grand Nord des Inuits 26
Manger est un plaisir   M. Mira Pons 30
La grotte de Lascaux 52
Manger pour vivre   M. Mira Pons 68
Une leçon de pêche   R. Piumini 80
Qui mange qui et quoi ?   F. Michel 84
C'est avec du vieux qu'on fait du neuf !   F. Michel 86
Une vie d'arbre   J.-B. Durand 92
Un énorme appétit   R. Piumini 94
D'hier... à aujourd'hui   I. de Froment 104
Roche-Écrite : incendie maîtrisé   A. Witz 106

Peinture

À travers les siècles 28
Jeux d'enfants 44

Sculpture

Sculptures d'animaux 108

Bande dessinée

Yakari   Derib – Job 112

Recette

Grenouilles aux pommes   R. Dahl 32

Lire pour découvrir le monde

1 L'école

Bidochet le petit ogre (1)

La langue tirée, Bidochet s'applique à écrire un joli *b* sur la page blanche. Cela fait déjà une semaine qu'il apprend à tracer des files de lettres en suivant plus ou moins bien les lignes.

Bidochet aime bien écrire, mais la vie à l'école n'est guère facile pour un petit ogre. Les élèves ne veulent pas jouer avec lui à la récréation et M. Conforme le punit souvent.

Ce lundi matin, M. Conforme a demandé aux enfants de raconter chacun à leur tour leur journée de dimanche. Évidemment tous avaient regardé la télé. Bidochet, préférant faire des exercices de magie avec son hibou, s'était amusé à transformer des cailloux en champignons multicolores° puis en macarons°, pour les apporter à une vieille amie fée qui chaque semaine les invitait à goûter.

Eh bien, toute la classe s'est moquée de lui !

« Cessez donc d'affabuler° ainsi… a grondé° M. Conforme. Vous me ferez cent lignes !

— Mais c'est vrai ! a protesté Bidochet.

— Deux cents ! » a clamé le maître.

Et pendant que les autres peignent et barbouillent, lui, fait des tas et des tas de *b*.

« Biding biding ! » La cloche de midi sonne. Parce qu'il habite assez loin, Bidochet, avec quelques autres, mange à la cantine… Mais là encore, il n'est pas tranquille car on surveille

multicolore : qui a plusieurs couleurs.

un macaron : petit gâteau.

affabuler : inventer, parler de choses qui n'existent pas.

gronder : parler d'une voix grave, en menaçant.

une musette :
un sac en tissu.
superposé :
posé au dessus.
en broyant les os :
en écrasant les os avec ses dents.

la lisière : le bord.
ils reconnaîtront leurs torts :
ils diront qu'ils se sont trompés.

sans arrêt son assiette. Hélas ! il a beau se freiner, dès qu'il a
25 terminé la maigre soupe, le beefsteak riquiqui, les trois cuillères de lentilles et le yaourt, il ne peut s'empêcher de sortir
de sa musette° ses trois sandwichs, fourrés de six côtelettes
superposées° chacun, et de les croquer... Et malgré ses efforts
pour ne pas faire trop de bruit en broyant les os°, il comprend
30 en voyant pâlir ses voisins qu'il est encore en train de
les effrayer. Mais saperlotte ! il ne va tout de même
pas se laisser mourir de faim pour les convaincre
qu'il est doux comme un agneau !
    « Je ne veux plus aller à l'école ! » répète-t-il
35 chaque soir à Anatole qui vient le rechercher à
la lisière° de la forêt. Personne ne m'aime.
    – Allons, allons. Un jour ils reconnaîtront
leurs torts°, tu peux me croire ! Et puis
n'oublie pas que tu as beaucoup d'amis.
40 Les lutins t'adorent, ils m'ont donné
ceci pour toi.
    – Oh ! Qu'est-ce que c'est ?
    – Une nouvelle baguette magique
pour ta collection.
45   – Qu'a-t-elle comme pouvoir ?
    – Celui de tout faire disparaître.

Comprendre pour écrire

Questions pour la classe
1. Qu'a fait Bidochet dimanche ?
2. Pourquoi le professeur punit-il Bidochet ?
3. Pourquoi Bidochet effraye-t-il les enfants ?
4. Pourquoi Bidochet ne veut-il plus aller à l'école ?
5. Quel est le cadeau des lutins ?

Écris seul(e)
6. Combien de lignes Bidochet doit-il faire ?
7. À quelle heure la cloche sonne-t-elle ?
8. Où Bidochet mange-t-il ?
9. Que sort-il de sa musette ?

Vocabulaire
10. Trouve les mots qui se rapportent à l'école ou à la classe.

Orthographe
11. Trouve cinq mots dans lesquels la lettre **g** se lit [g].

Grammaire
12. Quelle est la première phrase de ce texte ?
13. Quel est le premier mot de cette phrase ?
14. Quel est le dernier mot de cette phrase ?

Bidochet le petit ogre (2)

Pendant que M. Conforme, très occupé à corriger les lignes de lettres des premiers bancs de la classe, lui tourne le dos, Bidochet sort de son cartable la baguette magique des lutins.

«Abracadabra dilenda-chat!» Un petit coup de poignet et hop! voilà le fauteuil du maître qui décolle de l'estrade pour aller tournoyer dans l'air.

«Ah! que se passe-t-il?» s'écrie M. Conforme essayant de rattraper son siège qui disparaît soudain.

— Abracadabra dilenda-chat deux fois!» Autre petit coup de poignet, et devant la classe effarée°, Bidochet fait disparaître le tableau noir, l'armoire et la mappemonde°, le pupitre° du chouchou et la corbeille à papier.

«Voulez-vous bien poser cela tout de suite!» hurle M. Conforme, menaçant Bidochet hilare.

— Mais... mais, monsieur, c'est pour vous convaincre que je dis la vérité lorsque je vous parle de mes pouvoirs!

— Silence! Vous aggravez votre cas, Bidochet. Je...» […]

effaré: très inquiet.

la mappemonde: une grande carte de tous les pays du monde.

le pupitre: un petit bureau avec un couvercle.

la charbonnière : un seau où l'on met le charbon.

« Encore, Bidochet ! crient les enfants.
– Vise le poêle ! »
Et hop ! voilà le poêle parti !
« Et la charbonnière, Bidochet ! »
Et hop ! la charbonnière aussi !
« Donnez-moi immédiatement ce... bâton, jeune homme, ou je... ou je... »
M. Conforme, la main tendue, s'approche, menaçant, mais il n'ose lui-même se saisir de la baguette, car on ne sait jamais, il pourrait aller rejoindre les objets disparus dans un autre monde...
« Je ne le répéterai pas cent fois, monsieur Bidochet !
– Me croirez-vous, maintenant, quand je dirai la vérité ?
– Donnez... tout de suite ! »
Encore une fois, hop ! et les cartes de géographie ne sont plus sur les murs.

cesser : arrêter.

« Ah, cessez donc ! C'est bon, Bidochet, je vous croirai... »
Le petit magicien pose sur le bureau sa baguette. [...]
« Je ne veux plus entendre parler de cette histoire. Il ne s'est jamais rien passé. Ces choses-là ne peuvent exister. C'est bien compris ? Maintenant regagnez vos places, et au travail ! Mais au fait, où est mon fauteuil ?
– Voici, monsieur, ainsi que le tableau noir, le pupitre et toutes les autres choses disparues », dit Bidochet faisant réapparaître le tout d'un coup de sa baguette.

Pierre Dubois, *Bidochet le petit ogre*, Hachette Jeunesse, 1987.

Comprendre pour écrire

Questions pour la classe
1. Qu'a fait disparaître Bidochet ?
2. Pourquoi fait-il disparaître les objets ?
3. Pourquoi le maître a-t-il peur de la baguette ?
4. Comment se termine l'histoire ?

Écris seul(e)
5. Que sort Bidochet de son cartable ?
6. Comment s'appelle le bureau des élèves ?
7. Où le petit magicien pose-t-il sa baguette ?
8. À la fin, Bidochet fait-il réapparaître les objets ?

Vocabulaire
9. Dans ce texte, trouve les meubles et les objets qui peuvent être dans une classe.

Orthographe
10. Pourquoi y a-t-il un **u** après **g** dans le mot **baguette** ?

Grammaire
11. Dans ce texte, combien y a-t-il de phrases qui se terminent par un point d'interrogation ?

1 L'école

Ponctuation

une pendule :
une horloge.

un somnambule :
quelqu'un qui marche en dormant.

régner :
être le roi.

une trace : une marque laissée par quelqu'un ou quelque chose.

un conciliabule :
une conversation à voix basse.

1 — Ce n'est pas pour me vanter,
    Disait la virgule,
  Mais, sans mon jeu de pendule•,
  Les mots, tels des somnambules•,
5 Ne feraient que se heurter.

  — C'est possible, dit le point.
    Mais je règne•, moi,
  Et les grandes majuscules
  Se moquent toutes de toi
10 Et de ta queue minuscule.

  — Ne soyez pas ridicules,
    Dit le point-virgule,
  On vous voit moins que la trace•
  De fourmis sur une glace.
15 Cessez vos conciliabules•

  Ou, tous deux, je vous remplace !

Maurice Carême,
Au clair de la lune,
© Fondation Maurice Carême.

Comprendre pour écrire

Questions pour la classe

1. Qui est-ce qui empêche les mots de se heurter ?
2. Pourquoi la virgule empêche-t-elle les mots de se heurter ?
3. Qui est-ce qui règne sur la phrase ?
4. Qui est-ce qui veut remplacer la virgule et le point ?

Orthographe

5. Dans ce poème, trouve un mot dans lequel le son [g] s'écrit **g**.

Grammaire

6. Met-on une majuscule après une virgule ?
7. Met-on une majuscule après un point ?

2 La journée

Une journée bien remplie

Des petits groupes d'hommes de Cro-Magnon vivaient dans la région de Lascaux dans des huttes en bois recouvertes de peaux de bêtes.

Voici comment pouvait se dérouler une de leurs journées.

l'aube : le début du jour.

un bouillon : l'eau dans laquelle on a fait bouillir des légumes.

une sagaie : une sorte de lance.

le silex : une roche très dure.

bien acérés : bien coupants

1. Dès l'aube•, après avoir avalé un bon bouillon• et quelques myrtilles, les hommes se rassemblent pour partir chasser, leurs sagaies• à la main, leurs silex• bien acérés• à la ceinture. La veille, ils ont repéré un troupeau de rennes non loin de là.

des baies : des petits fruits (par exemple les groseilles).

2. Un peu plus tard, des femmes partent, par cette belle matinée d'automne, cueillir des champignons, des baies•, des racines et quelques plantes au goût délicieux.

3. Les enfants restés au campement jouent avec des cailloux et des coquilles d'escargots. Ils admirent un tailleur de silex.

4. Un homme, trop âgé pour chasser, rallume le feu qui s'est éteint en tournant une baguette de bois dur dans un autre morceau de bois jusqu'à ce qu'une flamme jaillisse.

5. Une femme coud avec une aiguille en os la peau d'un renne tué il y a quelques jours pour en faire un anorak bien confortable. Les nerfs du même animal lui servent de fil.

un racloir : un outil pour racler, pour gratter.

6. Le soir tombe, les hommes reviennent heureux, avec deux beaux rennes. Voilà un bon repas en perspective ! La graisse de l'animal servira à alimenter les lampes, sa peau à fabriquer les vêtements et les huttes, ses os à faire des racloirs•, des harpons et des sagaies ou encore à renouveler le stock d'aiguilles.

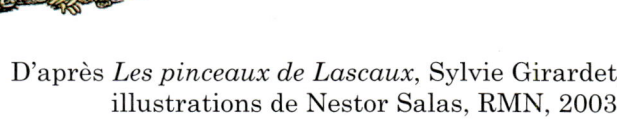

D'après *Les pinceaux de Lascaux*, Sylvie Girardet, illustrations de Nestor Salas, RMN, 2003.

Comprendre pour écrire

Questions pour la classe
1. Qu'est-ce que les hommes de Cro-Magnon avalent à l'aube ?
2. Avec quoi chassent-ils ?
3. Décrivez tout ce qu'ils peuvent faire avec un renne.
4. Que font les femmes ?

Écris seul(e)
5. Où vivent les hommes de Cro-Magnon ?
6. Avec quoi jouent les enfants ?
7. Comment l'homme rallume-t-il le feu ?
8. Avec quoi coud la femme ?

Vocabulaire
9. Dans ce texte, trouve les mots qui indiquent un moment de la journée.

Orthographe
10. Dans ce texte, trouve un mot qui se termine par le son [eur].

Grammaire
11. Dans ce texte, trouve :
    – trois noms de personne,
    – deux noms d'animal,
    – trois noms de choses.

3 La famille

La destinée de la famille Campagnol (1)

un campagnol :
une sorte de petit rat des champs.

tresser :
entrecroiser des matériaux pour en faire une natte, une tresse ou un panier.

Il épousa Angèle :
il se maria avec elle.

des sabots :
des chaussures en bois.

un artisan :
quelqu'un qui exerce un métier manuel.

1 Il y a cent cinquante ans de cela un châtaignier n'avait pas commencé à pousser. Mais ça n'allait pas tarder…
   Le temps passait… Jeanne et Louis Campagnol• travaillaient dur. Louis cultivait la terre. Jeanne tressait•
5 des paniers et des corbeilles avec des queues de cerises. Ils avaient un fils, qui s'appelait Justin. La famille habitait près du ruisseau, dans une maisonnette protégée du vent par un caillou rond. À quelques pas de là,
10 le châtaignier commençait à pousser. 
   Justin grandit et travailla aux champs, comme son père. Il épousa• la belle Angèle, sa voisine. Le soir, Angèle faisait la soupe. Justin s'asseyait près du feu, crachait par terre et disait :
15 « Nom d'une sauterelle ! Rude journée ! » 
   Il allumait sa pipe et bricolait.
   Ce jour-là, il taillait pour Angèle des sabots• neufs dans un morceau de bois. C'était l'hiver et la neige avait presque
20 recouvert le jeune châtaignier.
   Angèle et Justin eurent une fille, qu'ils appelèrent Marguerite, et deux fils : Blaise et Sylvain.

   Quand Marguerite fut en âge
25 de se marier, elle épousa
   un artisan• menuisier
   et partit pour la ville.

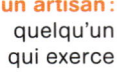

reçurent le commandement: reçurent l'ordre.

Blaise et Sylvain reçurent le commandement° d'aller à la guerre. [...]

Quand Blaise revint de la guerre, il avait une oreille en moins. Cela ne l'empêcha pas d'épouser Mathilde, une jolie souris du bourg voisin°. Ce fut une belle noce°. Il n'y manqua ni les cornemuseux°, ni les danses, ni le vin frais, ni les premiers marrons du châtaignier.

du bourg voisin: du village voisin.
une belle noce: une belle fête de mariage.
les cornemuseux: les joueurs de cornemuse.
un ragondin: une sorte de gros rat qui vit au bord de l'eau.
une contrée: une région.

Blaise et Mathilde eurent deux filles: Célestine et Marceline.

Célestine aima Roberto, un ragondin° d'une contrée° lointaine. Elle partit avec lui en bateau. Elle ne revit ses parents que dix ans plus tard. Mais durant ces dix années, elle écrivit autant de lettres que le châtaignier perdait de feuilles à l'automne.

Marceline, elle, resta au pays. Elle épousa Jean Mulot, qui était cuisinier, elle ouvrit un restaurant. Marceline et Jean n'eurent qu'un seul enfant: Jules.

Comprendre pour écrire

Questions pour la classe

1. Avec quoi Jeanne tressait-elle ses paniers?
2. Combien d'enfants Justin et Angèle ont-ils eus?
3. Où va habiter Marguerite après son mariage?
4. Que fait Blaise quand il revient de la guerre?
5. Pourquoi Célestine a-t-elle écrit beaucoup de lettres?

Écris seul(e)

6. Que faisait Louis? Que faisait Jeanne?
7. Comment leur fils s'appelait-il?
8. Quel commandement reçurent Blaise et Sylvain?
9. Comment s'appellent les filles de Blaise et Mathilde?

Vocabulaire

10. Recopie et complète les phrases.
    - *Justin est le ... de Jeanne et Louis Campagnol.*
    - *Célestine est la ... de Marceline.*

Orthographe

11. Trouve quatre mots qui comportent le son [an].

Grammaire

12. Trouve trois noms communs.
13. Trouve deux noms propres qui commencent par une consonne.

La destinée de la famille Campagnol (2)

1 Jules ne voulait pas apprendre le métier de son père.

« Je veux aller à l'usine ! » disait-il, car une usine de crème de marron s'était installée sous le châtaignier.

L'usine vendait de la crème de marron au monde entier.
5 Jules travaillait à l'épluchage des châtaignes.

Il connut Élise, une souris grise, qui était à la mise en pot.

Le dimanche, ils canotaient• sur le ruisseau… S'il pleuvait, ils allaient au cinéma. Parfois ils se promenaient très loin, si loin qu'ils ne voyaient presque plus le châtaignier.

10 Élise et Jules se marièrent. Ils eurent une fille et un fils : Pierre et Violette. […]

Violette étudia et devint pianiste. Pierre, comme ses parents, travaillait au châtaignier, qui était devenu un arbre immense. […]

15 Il y eut une grève• à l'usine de crème de marron. Pierre et ses compagnons de travail voulaient une augmentation• de grains de blé. Assis dans les branches du châtaignier, ils criaient :

« grains – grains – grains de blé,
20 crèm' – de – marron – vanillée ! »

Du monde entier on réclamait de la crème de marron et il n'y avait plus de crème de marron. Mais Pierre et ses compagnons furent augmentés.
25 Ils recommencèrent le travail.
Il y eut de la crème pour tout le monde.

ils canotaient : ils faisaient du canot.

faire la grève : s'arrêter de travailler pour obtenir quelque chose.

une augmentation de grains : plus de grains pour être payés de leur travail.

Pierre épousa une amie de la sœur d'un ami à lui. Elle s'appelait Marion. C'était une campagnol rousse. Elle tressait des paniers et des corbeilles avec des queues de cerises, comme Jeanne, l'arrière-arrière-grand-mère de Pierre, quand le châtaignier n'était pas plus haut qu'une marguerite•.

Pierre et Marion eurent une fille qu'ils appelèrent Lola.

Aujourd'hui, Lola se promène près du ruisseau. C'est le mois de septembre… Le châtaignier perd une feuille. Lola met la feuille à l'eau et grimpe dessus. Elle s'offre une petite promenade en barque en fredonnant cette chanson :

« *Sous un châtaignier*
un marron châtain
aimait une châtaigne.
Mais un chat marron
méchant comme une teigne•,
laid, sans chatte, et niais•,
mâcha la châtaigne
et saigna du nez. »

Ici finit, pour l'instant, l'histoire de la famille Campagnol et du châtaignier.

Yvan Pommaux,
Lola : 10 histoires instructives, Le Sorbier, 1997.

une marguerite : c'est une fleur des champs.

méchant comme une teigne : très méchant.

niais : naïf, un peu bête.

Comprendre pour écrire

Questions pour la classe
1. Pourquoi les ouvriers ont-ils fait grève ?
2. Pourquoi ont-ils recommencé le travail ?
3. Qui Pierre épousa-t-il ?
4. Combien d'enfants Pierre et Marion eurent-ils ?

Écris seul(e)
5. Que vendait l'usine ?
6. Que faisaient Élise et Jules le dimanche ?
7. Combien d'enfants Élise et Jules eurent-ils ?
8. Comment Pierre et Marion appelèrent-ils leur fille ?

Vocabulaire
9. Recopie et complète la phrase.
Élise et Jules sont les … de Pierre et Violette.

Orthographe
10. Trouve deux mots qui comportent le son [ane] et deux mots qui comportent le son [ame].

Grammaire
11. Trouve deux noms de choses que l'on ne peut pas toucher.

4 La semaine

Pinocchio (1)

Pinocchio est une marionnette.
La Mèche est un ami de Pinocchio.

(Pinocchio) – Tu ne connais donc pas la grande nouvelle ? Tu ne sais donc pas la chance que j'ai ?

(La Mèche) – Quelle chance ?

– Demain s'achève ma vie de marionnette.

– Je vais être un garçon comme un autre.

– Grand bien te fasse° !

– C'est pourquoi je t'invite à un goûter chez moi demain.

– Mais je te dis que je pars ce soir.

– À quelle heure ?

– Bientôt.

– Tu vas où exactement ?

– Je vais vivre dans le plus beau pays du monde, un vrai pays de cocagne° !

– Comment s'appelle ce pays ?

– C'est le Pays des Jouets. Tu ne veux pas venir avec moi ?

– Moi ? Certainement pas !

– Tu as tort, Pinocchio ! Si tu ne viens pas, tu t'en repentiras°, crois-moi. Car où trouver ailleurs un pays aussi idyllique° pour nous autres les enfants ? Il n'y a ni école, ni maîtres, ni livres. Dans ce pays béni°, il n'y a rien à apprendre. Ici, le jeudi est un jour de congé. Eh bien, dans ce pays, la semaine se compose de six jeudis, plus le dimanche. Les grandes vacances commencent le Premier de l'An et finissent à la Saint-Sylvestre°. Voilà un pays qui me convient parfaitement ! Tous les pays civilisés° devraient lui ressembler.

– Que fait-on de ses journées au Pays des Jouets ? interrogea la marionnette.

– On joue, on s'amuse du matin au soir. Le soir, on va au lit, et le lendemain matin, on recommence. Qu'en dis-tu ?

– Hum ! fit Pinocchio avec un mouvement de tête approbateur° qui semblait dire : « C'est une vie que je mènerais volontiers, moi aussi ».

---

grand bien te fasse : (expression) je souhaite que tu sois satisfait.

un pays de cocagne : un pays imaginaire où l'on a tout en abondance et sans peine.

tu t'en repentiras : tu le regretteras.

idyllique : merveilleux, idéal.

béni : où l'on est heureux.

la Saint Sylvestre : le dernier jour de l'année.

un pays civilisé : un pays où l'on est éduqué.

approbateur : montrant qu'il est d'accord.

— Alors, tu viens ou pas ? Décide-toi !
— Non, non, non et non ! J'ai promis à la Fée d'être un bon garçon et de tenir mes promesses. D'ailleurs, je vois que le soleil se couche. Je te laisse et je file. Adieu et bon voyage !
— Mais où es-tu si pressé d'aller ?
— Chez moi. Ma bonne Fée veut que je revienne avant la nuit.
— Attends au moins deux minutes.
— C'est que je suis déjà en retard.
— Deux minutes seulement…
— Et si la Fée me gronde ?
— Laisse-la dire. Après, elle s'arrêtera, affirma ce polisson de La Mèche.
— Tu pars seul ou avec d'autres ? questionna encore Pinocchio.
— Seul ? Mais nous serons plus de cent !

Comprendre pour écrire

Questions pour la classe
1. Pourquoi Pinocchio invite-t-il son ami à un goûter ?
2. Où part la Mèche ?
3. Pourquoi ce pays est-il un pays de cocagne ?
4. Pourquoi Pinocchio refuse-t-il de partir avec son ami ?

Écris seul(e)
5. Que va devenir Pinocchio ? *Il va…*
6. De quoi se compose la semaine dans le pays des jouets ?
7. Quand commencent et finissent les vacances dans ce pays ?
8. Que fait-on au pays des jouets ?

Vocabulaire
9. Quelles sont les activités de la semaine au pays des jouets ?

Orthographe
10. Trouve cinq mots dans lesquels le son [è] s'écrit **ai**.

Grammaire
11. Recopie les mots, entoure les noms et souligne les articles.
un pays – le soleil – la fée – une vie

Pinocchio (2)

— Et le voyage, vous le faites à pied ?
— À minuit passera une charrette qui doit nous emmener dans ce pays extraordinaire.
— Qu'est-ce que je donnerais pour être ici à minuit ! soupira Pinocchio.
— Pourquoi ?
— Pour vous voir tous partir ensemble.
— Tu n'as qu'à rester et tu nous verras.
— Non, non. Il faut que je rentre chez moi.
— Allez ! Deux minutes seulement…
— J'ai déjà trop tardé ! La Fée va être inquiète.
— Oh, la pauvre Fée !.. De quoi a-t-elle peur ? Que les chauves-souris te dévorent ?
— Ainsi, continua Pinocchio, tu es vraiment sûr que, dans ce pays, il n'y a pas du tout d'école ?
— Pas l'ombre d'une•.
— Ni de maîtres ?
— Pas un seul.
— Que l'on n'est pas obligé de travailler ?
— Absolument !
— Quel beau pays ! s'exclama Pinocchio qui se sentait venir l'eau à la bouche•. Quel beau pays ! Je n'y suis jamais allé mais je l'imagine fort bien !
— Alors ? Pourquoi ne pas y aller, toi aussi ? s'étonna La Mèche.
— Ne me tente• pas, c'est inutile ! J'ai promis à la Fée de ne pas renier• ma parole.

---

pas l'ombre d'une école : aucune école.

faire venir l'eau à la bouche : donner envie.

tenter : donner à quelqu'un l'envie, le désir.

ne pas renier ma parole : être fidèle à ma parole

— Puisque c'est ainsi, au revoir Pinocchio ! Salue de ma part les petits et les grands de l'école si tu les croises sur ton chemin.

— Adieu, La Mèche ! Bon voyage ! Amuse-toi bien et pense de temps en temps aux amis !

La marionnette s'éloigna de deux pas, s'arrêta, se retourna :

— Tu es sûr et certain que, dans ce pays, il y a six jeudis et un dimanche dans la semaine ?

— Tout à fait sûr.

— Que les vacances commencent le premier janvier et se terminent le trente et un décembre ?

— Je te l'ai dit !

— Quel beau pays ! répéta Pinocchio, rêveur.

Carlo Collodi, Les aventures de Pinocchio, [1883],
traduction Claude Sartirano, 2002.

Comprendre pour écrire

Questions pour la classe

1. Est-ce que Pinocchio a envie d'accepter de partir au pays des jouets ?
2. Quelles sont les paroles de Pinocchio qui montrent qu'il aurait envie de partir au pays des jouets ?
3. Pourquoi n'ose-t-il pas accepter la proposition de La Mèche ?
4. Comment La Mèche essaie-t-il de le faire changer d'avis ?

Écris seul(e)

5. À quelle heure passera la charrette ?
6. Qui va être inquiète si Pinocchio est en retard ?
7. Est-ce qu'on est obligé de travailler au pays des jouets ?
8. Combien y a-t-il de jeudis dans la semaine au pays des jouets ?

Vocabulaire

9. Trouve les jours de la semaine qui n'existent pas au pays des jouets.

Orthographe

10. Trouve trois mots dans lesquels le son [è] s'écrit **ai**.

Grammaire

11. Trouve dans ce texte :
    – deux noms communs ;
    – un nom propre.

4 La semaine

L'écolier

une nouvelle, un roman, une parabole : différentes façons de raconter des histoires.

des aïeux : des ancêtres, les grands parents, par exemple.

des broutilles : des petits riens.

Sirius, Algol : noms d'étoiles.

la mélancolie : la tristesse.

1 J'écrirai le jeudi j'écrirai le dimanche
       quand je n'irai pas à l'école
   j'écrirai des nouvelles j'écrirai des romans
       et même des paraboles
5 je parlerai de mon village je parlerai de mes parents
       de mes aïeux de mes aïeules
   je décrirai les prés je décrirai les champs
       les broutilles et les bestioles
   puis je voyagerai j'irai jusqu'en Iran
10   au Tibet ou bien au Népal
   et ce qui est beaucoup plus intéressant
       du côté de Sirius ou d'Algol
   où tout me paraîtra tellement étonnant
       que revenu dans mon école
15 je mettrai l'orthographe mélancoliquement

Raymond Queneau, *Battre la campagne*, Gallimard, 1968.

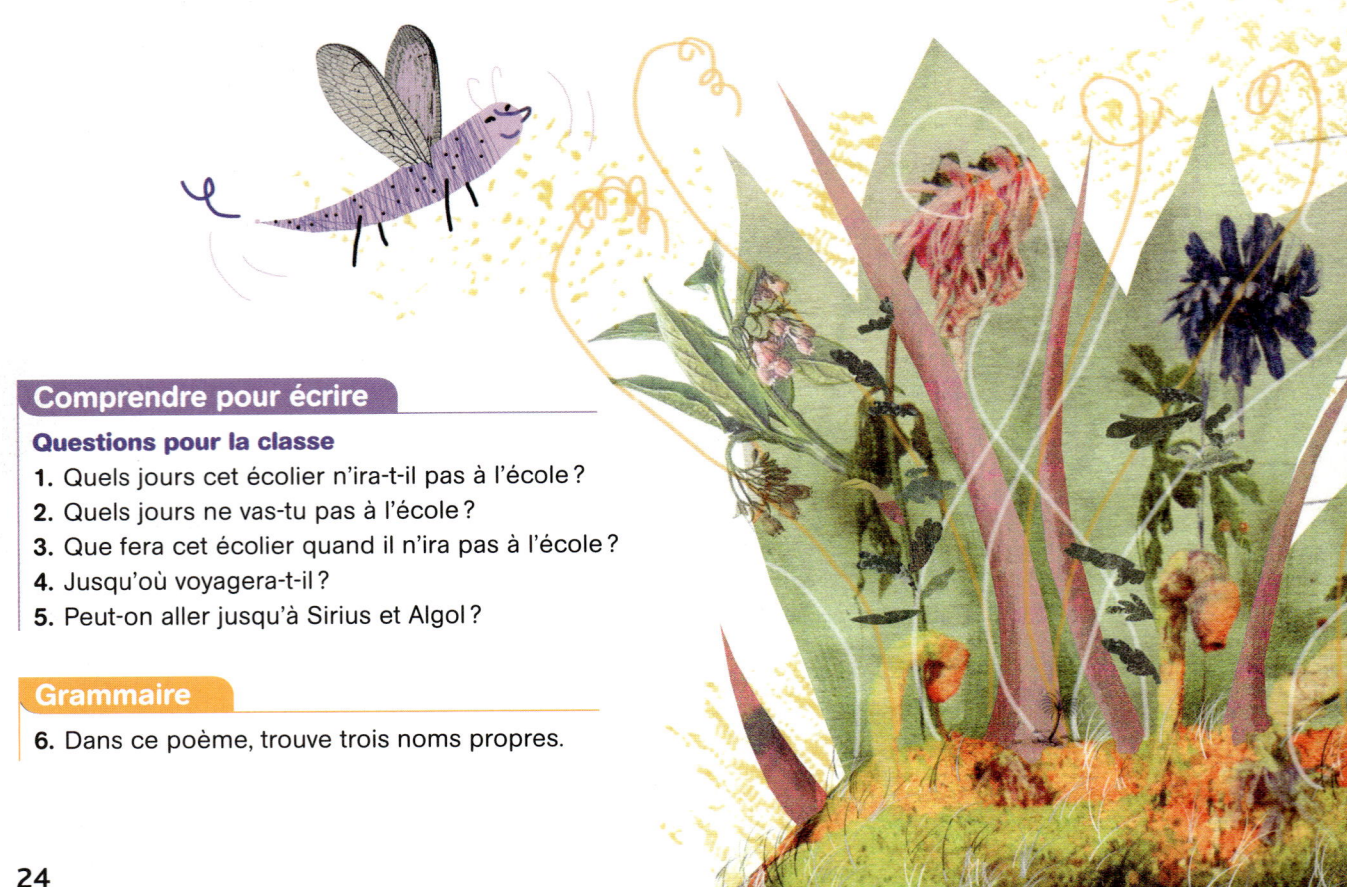

Comprendre pour écrire

Questions pour la classe

1. Quels jours cet écolier n'ira-t-il pas à l'école ?
2. Quels jours ne vas-tu pas à l'école ?
3. Que fera cet écolier quand il n'ira pas à l'école ?
4. Jusqu'où voyagera-t-il ?
5. Peut-on aller jusqu'à Sirius et Algol ?

Grammaire

6. Dans ce poème, trouve trois noms propres.

5 Les mois

Le Grand Nord des Inuits

Inuits: autrefois, on disait Esquimaux.

les ours polaires: ces ours vivent près du Pôle Nord.

Eskimos: ce mot s'écrit aussi Esquimaux.

des amas: des tas.

la banquise: la couche de glace sur la mer.

1   Depuis des milliers d'années, les Inuits• vivent au Groenland, dans le nord du Canada, en Alaska et à l'extrémité est de la Sibérie.

Les Inuits vivent dans des déserts de glace et de neige situés
5 dans le Grand Nord, au pays des ours polaires•, des phoques et des caribous.

Autrefois, on appelait les Inuits des Eskimos•, mais ils n'aiment pas du tout qu'on les appelle ainsi. En effet, en inuktitut, la langue inuit, eskimo signifie « mangeur de viande
10 crue » !

En hiver, la température peut descendre jusqu'à 70 °C au-dessous de zéro. Même la surface de la mer gèle. Des amas• de glace flottante forment la banquise•. Pendant la saison d'hiver, le soleil ne se montre pas dans le Grand Nord.

Ituko, l'enfant inuit

Ituko est un jeune garçon inuit, âgé de huit ans. Il habite avec sa famille près de Thulé, au Groenland. Il vit avec son papa, Ogni, et sa maman Noonah.

Leur village compte aujourd'hui plus de cent habitants. Les maisons de bois ne comportent qu'un seul étage. Elles disposent de l'électricité, mais pas de l'eau courante. Deux fois par semaine, un camion-citerne la distribue à chaque maison. Même s'il fait très froid dehors, les maisons sont bien chauffées grâce aux poêles à huile installés dans chaque pièce.

À Thulé, au Groenland, là où vit Ituko, la nuit polaire dure de fin octobre jusqu'à fin février. Mais des lueurs magnifiques illuminent le ciel de blanc, de vert ou de rouge : les aurores boréales•. L'hiver, souffle un vent glacial qui vient du nord, le blizzard, accompagné de tempêtes de neige.

En été, la température s'adoucit un peu, la terre se dégèle en surface. Dans les régions situées le plus au nord, le soleil ne se couche jamais du mois de mai jusqu'à la fin août. Et à minuit il fait clair comme en plein jour. C'est ce qu'on appelle le « soleil de minuit ».

aurores boréales : on dit aussi aurores polaires.

s'emmitoufler : s'habiller chaudement.

un caribou : une sorte de renne.

À l'école d'Ituko

À l'école, Ituko apprend l'anglais, mais des leçons se font également en langue inuit, l'inuktitut. Anorak, igloo ou kayak sont des mots d'inuktitut. L'école dispose d'un ordinateur programmé en inuktitut. Lorsque les enfants sortent de classe ou de leur maison, ils enfilent des vêtements de ski, des bottes et un anorak. L'hiver, pour avoir plus chaud encore, ils s'emmitouflent• dans une veste fourrée en peau de caribou•.

Ituko, enfant inuit, PEMF, « Enfants du monde », 2000.

Comprendre pour écrire

Questions pour la classe
1. Qui est Ituko ?
2. Où les Inuits vivent-ils ?
3. Combien de temps la nuit polaire dure-t-elle ?
4. Pendant combien de temps le soleil ne se couche-t-il pas ?

Écris seul(e)
5. Que signifie le mot « eskimo » en langue inuit ?
6. Jusqu'où la température peut-elle descendre en hiver ?
7. Comment s'appelle le vent glacial qui vient du nord ?

Vocabulaire
8. Indique le nom des mois où le soleil ne se couche jamais.

Orthographe
9. Trouve :
   – trois mots dans lesquels [on] s'écrit **on** ;
   – trois mots dans lesquels [on] s'écrit **om**.

Grammaire
10. Recopie deux phrases de ton choix et entoure les verbes.

6 S'habiller

À travers les siècles

À travers les siècles, les artistes ont peint des portraits : ils ont représenté les personnages importants de leur époque, ou les gens qui les entouraient.

Le comte Iseppo da Port avec son fils Adriano, Paolo Veronese, Italie, XVIᵉ siècle.

Les Époux Arnolfini, Van Eyck, Flandres, XVᵉ siècle.

Grâce à ces portraits, tu peux découvrir comment on s'habillait, comment on se coiffait à ces différentes époques.

La Dentellière, Vermeer, Hollande, XVIIᵉ siècle.

Marie-Antoinette et ses enfants, Élisabeth Vigée-Lebrun, France, XVIIIᵉ siècle.

Tu peux voir
que les peintres
n'ont pas toujours utilisé
leurs couleurs
et leurs pinceaux
de la même façon.

Deux fillettes en train de lire, Auguste Renoir, France, XIXe siècle.

Maternité, Auguste Renoir, France, XIXe siècle.

Maya à la poupée, Pablo Picasso, France, XXe siècle.

Comprendre pour écrire

Questions pour la classe

1. Observez ces portraits d'hommes, de femmes et d'enfants à différentes époques. Cherchez les différences.
2. Observez les visages, les coiffures, les attitudes.
3. Décrivez les différentes manières de se vêtir.
4. Que regardent les différents personnages ? Que font-ils ?
5. Quel peintre déforme volontairement le visage de la personne qu'il peint ?

7 Manger

Manger est un plaisir

absorber : manger.

1 Absorber des aliments n'est pourtant pas seulement un acte de survie. C'est aussi un plaisir, et parfois même une vraie fête, celle de partager un repas, des plats colorés, des odeurs délicieu-
5 ses qui mettent l'eau à la bouche.

Manger rappelle aussi des souvenirs. Le goût d'un riz au lait peut t'évoquer les mercredis d'hiver passés chez ta grand-
10 mère, la saveur d'un gratin de pâtes, l'ambiance familiale des dimanches soir.

t'évoquer : te rappeler.

l'ambiance familiale : ce que l'on ressent quand on est en famille.

Les messages du goût

Quand un aliment entre dans ta bouche, tu perçois son
15 goût.

C'est grâce à lui que tu fais la différence entre les frites et le chocolat et que tu préfères certains aliments à d'autres.

tu perçois : tu vois et tu reconnais.

les sens : nous permettent de sentir, voir, entendre, goûter et toucher.

sa texture : sa consistance (liquide, épais, tendre, dur...).

les papilles gustatives : petits organes sur notre langue permettant de connaître la saveur d'un aliment.

Les autres sens sont aussi concernés : l'odeur d'un plat, son aspect, sa texture.

20 Chaque aliment a une saveur. Lorsque tu manges, les papilles gustatives qui tapissent ta langue entrent en action. Ces petits récepteurs te transmettent alors une perception : la saveur de l'aliment. Tu auras plaisir ou non à le manger, selon ta préférence.

À lui seul, le goût ne va te transmettre que quatre sensations : amer, acide, sucré, salé. Pourtant, tu as l'impression que tu as plus de perceptions que cela !

C'est là qu'intervient ton nez. Car l'organe de l'odorat•, directement relié à celui du goût, va venir compléter tes impressions gustatives•. Il a à sa disposition une palette• de sensations beaucoup plus vaste. Tu pourras ainsi différencier un gouda d'un gruyère, deux fromages qui pourtant ont la même consistance dans la bouche.

l'odorat : le sens qui nous permet de distinguer les odeurs.

gustatif, gustative : qui a un rapport avec le goût.

une palette de sensations : un ensemble de sensations.

Michèle Mira Pons, *Les aliments à petits pas*, «Manger pour vivre», Actes Sud Junior, 2000.

Comprendre pour écrire

Questions pour la classe
1. Manger est-il seulement un acte de survie ?
2. Quelles sensations le goût nous transmet-il ?
3. À quoi sert l'organe de l'odorat ?
4. L'odorat peut-il nous transmettre beaucoup de sensations ?

Écris seul(e)
5. Que perçoit-on quand un aliment entre dans notre bouche ?
6. Combien de sensations le goût nous transmet-il ?
7. Quel est l'organe qui vient compléter celui du goût ?
8. Où l'organe de l'odorat est-il situé ?

Vocabulaire
9. Trouve quelques noms d'aliments salés et d'aliments sucrés.

Orthographe
10. Trouve deux mots dans lesquels la lettre **s** se lit [z].

Grammaire
11. Recopie une phrase courte et une phrase longue.

Conjugaison
12. Mets les verbes au présent.
    - Je (*partager*) un repas.
    - Je (*manger*) des fruits.

Grenouilles aux pommes

Pour 6 à 7 personnes

Un crayon, du carton, un pinceau à pâtisserie, une paire de ciseaux, une plaque allant au four.

250 g de pâte feuilletée surgelée
3 ou 4 pommes moyennes granny-smith (chaque moitié doit avoir environ la dimension du modèle)
1 verre de raisins secs trempés dans du jus d'orange
1 jaune d'œuf battu avec 75 ml de lait (pour faire dorer)

au préalable : d'abord.

Au préalable•, laissez tremper les raisins secs dans du jus d'orange, pendant deux heures.

au gré de votre imagination : selon votre imagination.

préchauffez : chauffez à l'avance.

le trognon : la partie de la pomme qui ne se mange pas.

1. Au gré de votre imagination•, fabriquez un modèle de grenouille en carton. Il doit mesurer environ 13,5 cm sur 13 cm.
2. Préchauffez• votre four à 200 °C (thermostat 6).
3. Étalez votre pâte à l'épaisseur d'une pièce de 20 centimes.
4. Posez le modèle sur la pâte et découpez autant de grenouilles que vous le pourrez (environ 6 ou 7).
5. À l'aide d'une fourchette, piquez plusieurs fois le ventre des grenouilles.
6. Coupez les pommes en deux, à la verticale.
7. Avec une cuillère à café, ôtez le trognon• et les pépins.

Pour les yeux
*12 raisins secs trempés
dans du jus d'orange,
3 cuillères à café de farine
1 pot de crème renversée
ou de crème anglaise colorée
avec quelques gouttes de colorant
alimentaire° vert*

un colorant alimentaire : que l'on peut ajouter aux aliments.

8. Remplissez chaque moitié de pomme d'une bonne cuillerée à café de raisins secs.
9. Enduisez le pinceau du mélange œufs-lait et dorez les grenouilles.
10. Placez le côté coupé des pommes sur le ventre de chaque grenouille.
11. Pour les yeux, utilisez les 12 raisins secs.
12. Farinez° légèrement la plaque allant au four et posez les grenouilles dessus.
13. Mettez au four pendant 20 minutes. Les grenouilles doivent être bien dorées.
14. Servez sur un étang de crème anglaise, ou renversée, chaude et verte.

farinez : mettez un peu de farine.

Roald Dahl, *Les irrésistibles recettes de Roald Dahl*, trad. Marie Saint-Dizier, ill. Quentin Blake, Éditions Gallimard Jeunesse, 1995.

Comprendre pour écrire

Questions pour la classe
1. À quoi vont servir le crayon, le carton et la paire de ciseaux ?
2. Quelle variété de pommes va-t-on utiliser ?
3. À quoi vont servir les raisins secs ?
4. Comment les grenouilles vont-elles être servies ?

Écris seul(e)
5. De quelle recette s'agit-il ?
6. Pour combien de personnes est-elle prévue ?
7. Combien de raisins secs va-t-on utiliser pour faire les yeux ?
8. Combien de temps la cuisson va-t-elle durer ?

Vocabulaire
9. Trouve d'autres noms de desserts.

Orthographe
10. Trouve quatre mots dans lesquels la lettre **s** se lit [z].

Grammaire
11. Trouve deux lignes dont le texte ne comporte pas de phrase.

Conjugaison
12. Mets les verbes au présent.
- Je (*poser*) la pâte.
- Je (*couper*) les pommes.
- Je (*fariner*) le plat.

8   Les quatre saisons

Pourquoi les conifères restent toujours verts (1)

Chaque année, à l'automne, lorsque les jours deviennent plus courts, le soleil bien moins chaud, de nombreux oiseaux partent pour les pays chauds afin d'y passer l'hiver.

Au printemps, lorsque les températures se font plus douces, ils font le chemin à l'envers et reviennent ici, vivre un nouvel été.

Les forêts qui comptent le plus d'oiseaux migrateurs• sont les forêts du Grand Nord. Là-bas, les hivers sont rudes• et le gel souvent terrible, en sorte que les oiseaux pourraient y mourir de faim et de froid.

Il y a bien longtemps, dans ces forêts du Grand Nord, vivait un jeune merle. Pendant l'été, il avait bien grandi et était devenu un merle fort et robuste• qui chantait comme son père, son grand frère, ses oncles et ses cousins.

La veille du grand départ vers le sud, tous les oiseaux participaient au dernier vol d'entraînement lorsqu'un grand héron heurta le jeune merle de plein fouet•.

— Tu ne peux pas faire attention, abruti ! s'exclama le héron en colère. Il faut bien se dire que la colère du héron cachait le fait qu'il se savait en faute.

Notre ami, le jeune merle, sonné• par le coup, tomba sur le sol comme une feuille d'automne. Son aile le faisait souffrir et elle pendait bizarrement. Il avait terriblement mal.

un oiseau migrateur : il change de région selon les saisons.

rudes : difficiles à supporter.

robuste : fort et résistant.

heurter de plein fouet : toucher de face et violemment.

sonné : presque assommé.

— Ton aile est cassée, lui dirent les vieux merles, forts de leur expérience. Tu ne pourras pas nous accompagner demain, car tu te noierais à coup sûr dans la mer. Tu vas être obligé de rester et de passer l'hiver ici. Il faut te trouver un abri dans la forêt. Au printemps, nous passerons te reprendre ici.

Le jeune merle était effrayé. Il n'avait pas le choix. Il lui fallait rester et c'est bien triste qu'il regarda, le lendemain, ses parents et ses amis s'envoler vers le ciel sans tache° d'Afrique.

Il les regarda longtemps jusqu'à ce qu'ils ne se distinguent° plus dans le ciel.

Le cœur gros° et les plumes tristes, il se mit à la recherche d'un abri. Mais où trouver un coin pour passer l'hiver dans cette grande forêt ?

sans tache : sans nuage.

distinguer : voir et reconnaître quelqu'un ou quelque chose.

avoir le cœur gros : être triste

Comprendre pour écrire

Questions pour la classe
1. Pourquoi les oiseaux migrateurs reviennent-ils au printemps ?
2. Pourquoi le merle doit-il passer l'hiver dans le Grand Nord ?
3. Quand ses parents viendront-ils le chercher ?
4. Pourquoi est-il triste ?

Écris seul(e)
5. Quand les oiseaux partent-ils pour les pays chauds ?
6. Qui heurta le jeune merle ?
7. Où le merle tomba-t-il ?
8. Avait-il mal ?

Vocabulaire
9. Dans ce texte, trouve les noms des quatre saisons.
Écris-les dans le bon ordre.

Orthographe
10. Trouve deux mots dans lesquels la lettre **g** se lit [j].

Grammaire
11. Dans ce texte, trouve cinq adjectifs.

Les quatre saisons

Pourquoi les conifères restent toujours verts (2)

imposant : très grand, qui impressionne par sa taille.

l'indignation : la colère et la révolte.

il est outré : il est très fâché.

les glands : les fruits du chêne.

méprisant : il pense que le merle est moins bien que lui.

Il avait marché longtemps lorsqu'il rencontra un vieux chêne imposant*.

— Dites-moi, Monsieur le Chêne, puis-je, s'il vous plaît, construire un nid entre vos grandes branches ? Je ne peux pas m'envoler vers les régions chaudes, car je me suis cassé une aile. Ce ne sera que pour un hiver ! Me le permettez-vous s'il vous plaît ?

Le chêne baissa la tête avec indignation*.

— Ça non, alors ! répondit-il d'un air outré*. Il n'en est pas question ! Cherche un autre arbre. Si tu as faim cet hiver, tu mangeras tous mes glands* et je deviendrais un chêne sans glands dont les autres se moqueraient. Pas question que je fasse ça !

Plus triste encore, le jeune merle partit à la recherche d'un autre arbre. Il arriva bientôt près d'un magnifique bouleau dont les feuilles ondulaient doucement au vent. Il paraissait tellement accueillant, tellement beau et tellement gentil que le merle osa lui adresser la parole.

— Dites-moi, Monsieur le Bouleau, peut-être m'autoriseriez-vous à chercher refuge entre vos branches contre le vent du nord ? Je dois trouver un abri sans quoi, je vais mourir gelé. Ce ne sera que pour un hiver. Lorsque le printemps reviendra, je chercherai un autre abri, mais mon aile est cassée et je ne peux aller nulle part ailleurs.

Le bouleau haussa les sourcils, plissa profondément le front et très en colère, il répondit en agitant ses branches et en criant :

— N'es-tu pas un peu fou ? dit-il d'un air méprisant*. Garder mes propres feuilles me donne déjà suffisamment de travail. J'ai besoin de toutes mes branches, je ne peux en sacrifier une seule pour te protéger. Cherche donc quelqu'un d'autre !

Le jeune merle s'éloigna tristement. Ses pattes ne le supportaient plus tant son chagrin était devenu lourd à porter. N'y avait-il donc personne dans cette forêt qui l'aiderait à passer l'hiver ?

Il perdait espoir quand soudain, au détour d'un sentier•, il aperçut un joli saule aux branches flexibles•. Sûr que celui-ci allait lui accorder• sa protection ! Il sentait l'espoir renaître dans son petit cœur.

— Dites-moi, Monsieur le Saule, m'autoriseriez-vous à nicher durant cet hiver entre vos branches ? Je me suis cassé une aile et je ne peux m'envoler avec les autres oiseaux vers des régions plus chaudes. Je mourrai sûrement de froid si je ne trouve pas d'abri. Me le permettez-vous ? Je vous en prie !

Il leva les yeux d'un air suppliant vers le saule. L'arbre avait le cœur bon mais il ne pouvait l'aider.

— Je suis sincèrement désolé pour toi, dit-il, Après tout, je ne te connais pas. Comment pourrais-je savoir si tu ne creuseras pas des trous dans mes branches en cachette, comme une pie, ou si tu ne me mangeras pas mes feuilles ? Adresse-toi plutôt à quelqu'un d'autre. Il y aura peut-être un arbre qui acceptera de prendre un oiseau étranger sous sa protection. Je trouve cela terrible, mais je ne peux pas t'aider.

au détour d'un sentier : au tournant d'un chemin.

flexible : peut se courber sans se casser.

accorder : accepter de donner quelque chose.

Comprendre pour écrire

Questions pour la classe
1. Que demanda le merle au vieux chêne ?
2. Pourquoi le chêne n'était-il pas d'accord ?
3. Pourquoi le merle avait-il besoin d'un abri ?
4. Pourquoi le bouleau refusa-t-il de le protéger ?
5. Pourquoi le saule refusa-t-il de l'aider ?

Écris seul(e)
6. Quel arbre le merle rencontra-t-il d'abord ?
7. Que fit le chêne ?
8. Quel arbre le merle rencontra-t-il ensuite ?
9. Que fit le bouleau ?

Vocabulaire
10. Quelle saison est difficile pour les oiseaux ?

Orthographe
11. Trouve cinq mots dans lesquels la lettre **g** se lit [j].

Grammaire
12. Dans ce texte, trouve :
    – trois noms d'arbres ;
    – quatre adjectifs.

ns
Pourquoi les conifères restent toujours verts (3)

Fatigué, le merle s'éloigna bien décidé à ne plus demander protection à personne puisque de toute façon, personne ne voulait l'aider.

Il erra· dans les bois touffus· pendant six jours et six nuits, mais tous les arbres avaient eu vent· de son histoire par le chêne, le bouleau et le saule, et détournaient la tête dès qu'ils le voyaient.

Le septième jour, le merle arriva dans une clairière· où se tenaient trois arbres les uns à côté des autres : un sapin, un pin et un genévrier.

— Où vas-tu ? demanda le grand pin, étonné. Il y a bien longtemps que tu devrais être dans un chaud pays du sud. Tu vas geler si tu ne pars très vite.

— Je sais bien, répondit tristement le merle. Je me suis cassé une aile et je n'arrive plus à voler. Je cherche désespérément un abri pour l'hiver dans cette forêt, mais personne n'a de place pour moi.

Le sapin, le pin et le genévrier se regardèrent en souriant.

— Si tu veux, tu peux rester auprès de nous, dit le grand pin, chaleureusement·. Construis ton nid entre mes branches, je suis suffisamment grand et fort pour te protéger contre tout danger.

— Mes branches sont suffisamment touffues pour arrêter le vent du nord, dit le sapin. Construis ton nid entre ses branches les plus épaisses, mais reste près de moi. De cette manière, tu ne sentiras pas le vent d'hiver.

— Quant à moi, tu pourras te nourrir de mes baies· tout l'hiver, ajouta le genévrier. J'en ai suffisamment. Tu pourras t'en rassasier·.

Reconnaissant·, le merle construisit son nid dans les branches du pin, juste à côté du sapin, comme celui-ci le lui avait proposé. Chaque jour, il pouvait manger des baies de genévrier.

---

errer : aller çà et là, sans savoir très bien où l'on va.

touffu : épais.

avoir vent : (expression) entendre parler de quelque chose.

une clairière : un endroit sans arbre dans une forêt.

chaleureux : gentil, affectueux.

les baies : les petits fruits du genévrier.

tu pourras t'en rassasier : tu pourras manger à ta faim.

reconnaissant : le merle sait que les trois arbres ont été très gentils avec lui.

mélodieuse : agréable à écouter.

un frisson : un petit tremblement du corps quand on a froid ou quand on a de la fièvre.

en mugissant : en faisant un bruit qui ressemble au cri de la vache.

Le merle était heureux avec ses trois bons amis et, de son nid, il leur chantait chaque jour sa chanson la plus mélodieuse• en guise de remerciement.

Lorsque le vent du nord arriva, un frisson• parcourut la forêt. Le vent souffla d'abord toutes les feuilles du chêne et les fit tourbillonner jusqu'à ce qu'elles forment un tapis sur le sol. Il s'approcha ensuite du bouleau et lui arracha également toutes ses feuilles en riant et en mugissant•. Le bouleau résista de toutes ses forces, mais le vent du nord était plus fort que lui. Après son passage, le bouleau resta là, les branches nues, à frissonner de froid. Ce fut ensuite le tour du saule. Le vent du nord tourna autour de lui comme une toupie et chassa toutes ses feuilles une à une.

Comprendre pour écrire

Questions pour la classe
1. Que faisaient les arbres quand ils voyaient le merle ?
2. Qu'ont proposé le sapin, le pin et le genévrier ?
3. Que faisait le merle pour remercier ses amis ?

Écris seul(e)
4. Pendant combien de temps le merle erra-t-il ?
5. Où arriva-t-il le septième jour ?
6. Où le merle construisit-il son nid ?

Vocabulaire
7. À quelle saison les arbres perdent-ils leurs feuilles ?
8. À quelle saison les feuilles repoussent-elles ?

Orthographe
9. Trouve trois mots dans lesquels la lettre **g** se lit [j].

Grammaire
10. Dans ce texte, trouve :
    – six noms d'arbres,
    – quatre adjectifs.

Les quatre saisons

Pourquoi les conifères restent toujours verts (4)

la tignasse : la chevelure.

une stalactite : une sorte d'aiguille de glace qui pend.

acquiescer : dire oui.

1   Il arriva ensuite près du sapin, du pin et du genévrier.
— Ah, ah ! Voilà encore quelques arbres verts, dit le vent en poussant des cris de joie.
— Stop, retentit soudain une voix forte. C'était le roi Hiver
5 qui passait par le bois, la tignasse* blanche comme neige et des stalactites* pendues à ses mains.
— Laisse ces trois arbres tranquilles, commanda-t-il, je n'ai pas pitié des autres, mais ces trois-là ont aidé un jeune merle qui demandait de l'aide. Comme récompense, ils pourront res-
10 ter verts pour toujours.
Le vent du nord jeta un coup d'œil étonné à travers les branches du pin. Il aperçut le petit merle à l'abri dans son nid douillet et fut attendri.
— Vous avez raison ! acquiesça*-t-il, ému. Je vais les laisser
15 en paix.
Voilà pourquoi, depuis ce jour, tous les pins, sapins et genévriers restent aussi verts l'hiver que l'été.

Conte traditionnel scandinave.

Comprendre pour écrire

Questions pour la classe
1. Qu'ordonne le roi hiver au vent ?
2. Pourquoi le vent doit-il laisser les trois arbres tranquilles ?
3. Que pense le vent ?

Écris seul(e)
4. Où le merle arriva-t-il ensuite ?
5. Qui est-ce qui passait par le bois ?
6. Quels sont les trois arbres qui restent verts en hiver ?

Vocabulaire

7. À quelles saisons les pins, sapins et genévriers sont-ils verts ?

Grammaire

8. Dans ce texte, trouve un adjectif qui indique la couleur de l'arbre.

Une histoire à suivre

ce blanc : la neige.

le vert : les feuilles.

le nid : les oiseaux attendent qu'il n'y ait plus de neige pour faire leurs nids.

le noir : la nuit.

le réveil : on dort habituellement la nuit et on se réveille le matin.

1. Après tout ce blanc° vient le vert°,
- Le printemps vient après l'hiver.
- Après le grand froid le soleil,
- Après la neige vient le nid°,
5. Après le noir° vient le réveil°,
- L'histoire n'est jamais finie.
- Après tout ce blanc vient le vert,
- Le printemps vient après l'hiver,
- Et après la pluie le beau temps.

Claude Roy, *Farandoles et fariboles*,
Éditions Gallimard Jeunesse, 1957.

Comprendre pour écrire

Questions pour la classe
1. Qu'est-ce qui annonce l'hiver ?
2. En quelle saison les oiseaux font-ils leurs nids ?
3. Qu'est-ce qui devient vert au printemps ?
4. Pourquoi cette histoire n'est-elle jamais finie ?

Écris seul(e)
5. Qu'est-ce qui vient après l'hiver ?
6. Qu'est-ce qui vient après le grand froid ?
7. Qu'est-ce qui vient après le blanc ?
8. Qu'est-ce qui vient après la pluie ?

Vocabulaire
9. Quelle est la saison qui précède l'hiver ?
10. Quelle est celle qui suit le printemps ?

Grammaire
11. Trouve deux adjectifs dans ce poème.

Les quatre saisons

9 Les jeux

Danny, le champion du monde

—Il y a un bon vent aujourd'hui, dit mon père un certain samedi matin. C'est le temps idéal* pour faire voler un cerf-volant. Allons en fabriquer un, Danny.

Nous avons donc construit un cerf-volant. Il me montra comment assembler quatre baguettes fines en forme d'étoile, avec deux autres baguettes en travers pour les renforcer. Puis nous avons découpé une de ses vieilles chemises que nous avons étirée* sur le cadre du cerf-volant. Nous avons ajouté à celui-ci une longue queue de fil, à laquelle nous avions noué à intervalles réguliers des restes de la chemise. Nous avons déniché une pelote de ficelle dans l'atelier et mon père m'a appris à attacher celle-ci au cadre pour que le cerf-volant soit bien équilibré* en vol.

Ensemble, nous avons escaladé la colline qui se trouvait derrière la station* pour y lancer notre cerf-volant. J'avais du mal à croire que cet objet, fait de quelques baguettes de bois et d'un vieux pan* de chemise, volerait vraiment. Je tenais la ficelle et mon père le cerf-volant. Dès qu'il le lâcha, celui-ci prit le vent et s'élança dans le ciel, comme un gigantesque oiseau bleu.

— Lâche-lui de la ficelle, Danny ! cria mon père. Lâche-lui autant de ficelle que tu voudras !

Le cerf-volant grimpa de plus en plus haut. Bientôt, il ne fut plus qu'un petit point bleu dansant dans le ciel à des kilomètres au-dessus de ma tête. C'était palpitant* de tenir au bout d'une

---

le temps idéal : le temps parfait.

que nous avons étirée : que nous avons tendue.

équilibré : un côté ne doit pas être plus lourd que l'autre.

une station : une station-service, où on vend de l'essence.

un pan de chemise : un morceau de chemise.

palpitant : très excitant, cela faisait battre le cœur très fort.

ficelle quelque chose de tellement lointain et de tellement vivant. Cette chose lointaine tirait et se débattait comme un gros poisson au bout d'une ligne.

— Descendons-le jusqu'à la roulotte, proposa mon père.

Le cerf-volant continua à tirer furieusement à l'autre bout de la ficelle tandis que nous redescendions la colline. Lorsque nous avons atteint la roulotte, nous avons pris soin de ne pas laisser la ficelle se prendre dans le pommier et nous avons contourné la roulotte jusqu'aux marches de devant.

— Attache-le aux marches, dit mon père.

— Est-ce qu'il continuera à voler ? lui demandai-je.

— Si le vent ne tombe pas, dit-il.

Le vent tint et laissez-moi vous dire quelque chose d'étonnant : le cerf-volant demeura en l'air toute la nuit et le matin suivant, à l'heure du petit déjeuner, le petit point bleu dansait et se balançait toujours dans le ciel. Après avoir pris mon petit déjeuner, je le descendis et le pendis soigneusement contre un mur de l'atelier pour une autre occasion.

Roald Dahl, *Danny, le champion du monde*,
traduction Jean-Marie Léger, Stock, 1978.

Comprendre pour écrire

Questions pour la classe
1. Pourquoi est-ce un temps idéal ?
2. Pourquoi faut-il lâcher de la ficelle ?
3. Que faut-il pour que le cerf-volant continue à voler ?
4. Le cerf-volant a-t-il volé longtemps ?

Écris seul(e)
5. Que construisent Danny et son père ?
6. Où montent-ils pour faire voler le cerf-volant ?
7. Le cerf-volant grimpe-t-il haut ?
8. Quand Danny fait-il descendre le cerf-volant ?

Vocabulaire
9. Quels autres jouets sont habituellement lancés dans l'air ?

Orthographe
10. Trouve trois mots dans lesquels tu entends le son [in].

Grammaire
11. Trouve trois noms masculins et trois noms féminins.

Conjugaison
12. Mets les verbes au présent.
- Je (*découper*) du papier.
- Tu (*escalader*) la colline.
- Il (*voler*) haut.

9 Les jeux

Jeux d'enfants

Sur la place d'un village des Flandres, les enfants peints par Bruegel jouent avec des bouts de bois, d'os, des cerceaux et des tonneaux. Les jouets fabriqués spécialement pour les enfants étaient rares au XVIe siècle.

Les jeux d'enfants est un tableau peint par Bruegel au XVIe siècle (détail).

Comprendre pour écrire

Questions pour la classe

1. Trouvez les jeux sur le tableau : chaque jeu correspond à un numéro.

À l'extérieur, les enfants jouaient :
– à la bascule avec des tonneaux ;
– au cheval de bois ;
– au cerceau (on le fait tourner avec un bout de bois) ;
– au chevalier (un garçon ou une fille grimpe sur le dos d'un autre enfant, et essaie de faire tomber un autre chevalier) ;
– à saute-mouton ;
– aux boules ;
– aux porteurs (deux enfants en portent un autre) ;
– au pendu (on fait le pendu sur une barre) ;
– aux échasses.

2. Si vous faisiez une peinture d'enfants en train de jouer à l'extérieur, quels jeux actuels aimeriez-vous représenter ?

3. Si vous faisiez une peinture d'enfants en train de jouer à l'intérieur, quels jeux actuels aimeriez-vous représenter ?

10 Les transports

Le vieux Machin et ses machines

TOUT EN HAUT D'UNE MONTAGNE, dans une cabane en bois, vivait un très vieil homme qui s'appelait Machin. Il était si vieux que lui-même ne connaissait pas son âge.

Il avait autrefois sauvé tous les animaux en les faisant monter dans sa grande machine flottante.

Depuis ce jour, il passait son temps à inventer d'autres machines dont il ne se servait pas. Il les entassait* dans un hangar* en disant :

— Un jour, je les essaierai.

Mais jamais il n'avait le temps de les essayer, car il avait une nouvelle idée chaque jour. Et donc, chaque jour, il fabriquait une nouvelle machine.

Un matin, en ouvrant ses volets, il trouva devant sa cabane des milliers d'animaux. Il y avait là les fauves* d'Afrique, les poissons, les oiseaux, les insectes, les animaux de la ferme, les bêtes du pôle Nord et celles du désert. Il y avait aussi un animal qu'il ne connaissait pas. C'était l'animome avec sa femme et ses enfants.

Tout ce monde-là voulait quitter la terre. Tous disaient qu'il allait arriver une catastrophe.

— La météo est mauvaise ? demanda le vieux Machin.

— Très mauvaise, répondit l'animome.

— Ça va chauffer, dit l'épervier.

— Il faut fuir, dit le tapir.

— Il y a l'ouragan*, dit l'éléphant.

— Et la tempête, dit l'alouette.

— Et les trombes d'eau*, dit le chameau.

---

entasser : mettre les choses en tas, les unes sur les autres.

un hangar : une sorte de garage pour des grosses machines.

les fauves : les lions, les panthères, etc. sont des fauves.

un ouragan : une forte tempête avec un vent violent.

des trombes d'eau : (expression) une pluie très forte.

Les transports 45

10 Les transports

Le vieux Machin était très inquiet.

– Je n'ai plus ma grande machine flottante, dit-il, mais j'ai ici d'autres engins. Je ne sais pas s'ils marchent.

un engin : une machine, un appareil ou un outil.

Allons voir tout de suite, dit le termite.

Les animaux et l'animome entrèrent dans le hangar. Aussitôt, les animaux trouvèrent quelque chose qui leur convenait. Et le vieux Machin s'aperçut que ses machines marchaient.

Il fit partir le cochon en ballon, le veau en traîneau, le pingouin en patins, la vipère en galère, le lion en camion, le crapaud à vélo, le cacatoès en tire-fesses, l'éléphant en trimaran, la mygale en planche à voile, le rossignol en gondole, la fouine en berline, la crevette en corvette, le chameau en pédalo, le requin en sous-marin, la luciole en bagnole, le bigorneau en rafiot.

Les animaux étaient contents. Ils partirent dans l'espace à bord de leur engin. Mais l'animome et sa famille protestaient.

protester : se plaindre et dire qu'on n'est pas d'accord.

– Les bêtes ont pris ce qu'il y a de mieux, criaient-ils.

Il ne nous reste rien.

Le vent commençait à souffler.

46

On entendait les grondements du tonnerre, la terre tremblait. Alors vite, le vieux Machin fabriqua de nouvelles machines. L'animome et sa famille montèrent ainsi dans une automobeille, dans un locomotame et dans un métrotaupitain.

Le vieux Machin fut le dernier à partir dans sa Machafouine.

Bêtes et gens voyagèrent dans l'espace pendant cinquante jours et cinquante nuits. Au milieu des tempêtes, des trous d'air, des pluies de météores•, des explosions, incendies, dégâts des eaux. Puis, finalement, tout se calma. La colombe indiqua qu'on pouvait de nouveau se poser sur la terre.

Alors, les animaux et l'animome retournèrent chez eux. Ils abandonnèrent les machines du père Machin au milieu du pré, devant la cabane. Puis ils regagnèrent leur logis•.

Henriette Bichonnier, *13 contes sauvages pour Monsieur Crusoé*, ill. Claude Lapointe, Éditions De La Martinière Jeunesse, 2000.

des météores : des étoiles filantes.

leur logis : leur maison.

Comprendre pour écrire

Questions pour la classe

1. Comment Machin avait-il sauvé tous les animaux autrefois ?
2. Pourquoi les animaux et l'animome voulaient-ils quitter la terre ?
3. Le mot **animome** existe-t-il dans notre langue ?
   Trouvez les deux noms qui ont servi à le fabriquer.
4. Combien de temps dura le voyage dans l'espace et pourquoi fut-il difficile ?
5. Trouvez les deux noms qui ont servi à fabriquer les mots inventés :
   – **automobeille**,
   – **locomotame**,
   – **métrotaupitain**.
   Trouvez le vrai nom qui correspond à chacun de ces mots.
   Inventez sur ce modèle d'autres noms de machines.

Écris seul(e)

6. Où vivait le vieil homme ?
7. À quoi passait-il son temps ?
8. Qu'a-t-il trouvé un matin devant sa cabane ?
9. Comment partit le rossignol ?
10. Où partirent les animaux ?

Vocabulaire

11. Dans ce texte, trouve le plus possible de noms d'engins qui servent à se déplacer.

Orthographe

12. Dans ce texte, trouve :
• deux mots qui comportent la graphie **é**,
• deux mots qui comportent la graphie **è**,
• deux mots qui comportent la graphie **ê**.

Grammaire

les fauves, les poissons, les insectes, les bêtes...

13. Pourquoi ces noms se terminent-ils par **s** ?
14. Dans ce texte, trouve et recopie :
• quatre noms au singulier avec leur article ;
• quatre noms au pluriel avec leur article (*les...*).

L'autobus

1 Chacun a glissé son ticket
  dans la machine à poinçonner.
  Elle a fait ding elle a fait dang,
  elle a fait clignoter une lampe
5 un petit volet s'est ouvert
  et la machine nous a offert
  une glace dans un grand cornet,
  à la framboise pour le premier
  à la vanille pour le deuxième
10 à la cerise pour le troisième
  à la pistache pour le dernier.
  – Profitez-en, a dit le conducteur,
  aujourd'hui la machine a bon cœur.
  Comme nous sommes polis
15 nous avons dit merci.
  – Où voulez-vous aller ?
  nous a-t-il demandé.
  – À l'Opéra a dit le premier,
  – Place de la Nation a dit le deuxième,
20 – Gare Saint-Lazare a dit le troisième,
  – Chez la Sœur Rosalie a dit le dernier.
  – Pour vous contenter messieurs-dames
  il faut passer par Rotterdam,
  Par Dakar et par Bornéo
25 Ce sera long ce sera beau.

l'Opéra, la place de la Nation, la gare Saint-Lazare : des endroits de Paris.

Rotterdam : une grande ville de Hollande.

Dakar : capitale du Sénégal en Afrique.

Bornéo : une grande île d'Asie.

— Prenez donc le temps qu'il vous faut
car nous aimons bien voyager
a dit le premier.
— C'est un beau temps pour se promener
a dit le deuxième.
— Nous ne sommes pas du tout pressés
a dit le troisième.
— Et nous aimons beaucoup les glaces à la crème
a dit le dernier.
La journée était belle.
L'autobus nous a fait traverser
la savane* aux gazelles
aux lions aux éléphants
aux zèbres aux girafes
aux oiseaux rares aux oiseaux roses aux oiseaux blancs
et nous avons croisé beaucoup d'animaux
avec des noms sans orthographe*.
Et puis nous avons traversé
la forêt aux arbres géants
acajou palissandre et mancenillier
avec encore tout plein d'oiseaux en liberté
oiseaux-lyres gobe-mouches oiseaux de feu
perroquets rouges perroquets jaunes perroquets bleus
et perroquets verts
qui parlent toutes les langues étrangères.

---

la savane : dans les pays chauds, une région avec de l'herbe, des buissons, des arbres où vivent lions, girafes, etc.

des noms sans orthographe : on ne sait pas écrire leurs noms.

Les transports

10 Les transports

des bacs :
des bateaux qui permettent de traverser un fleuve.

nonchalants :
ils traversent lentement.

les piranhas :
des poissons.

le machiniste :
le conducteur.

- Nous avons passé les fleuves tranquilles
- sur des bacs° nonchalants°
- entre les hippopotames et les crocodiles
- qui flânent au fil du courant
55 les piranhas° et les poissons-chats.
- Tout en conduisant l'autobus
- le machiniste° nous racontait tout ça
- les grosses bêtes et les petites bestioles
- les grands arbres et les petits arbustes
60 les hippos les crocos les oiseaux
- sans oublier les poissons-chats.
- Et puis voilà qu'arrive l'Opéra.
- Alors le premier nous a quittés
- en chantant une petite chanson
65 qui parlait d'oiseaux envolés.
- Et puis voilà la Place de la Nation
- et le deuxième est descendu.
- Voici la gare Saint-Lazare où les pas sont perdus
- et le troisième s'en est allé.

le terminus :
le dernier arrêt de l'autobus.

70 Je suis resté tout seul dans l'autobus
   jusqu'au terminus*.
   Avec un autre ticket
   j'ai repris une glace
   à l'ananas
75 pour l'offrir à la sœur Rosalie
   qui est un peu gourmande.
   Elle m'attendait à l'arrêt
   elle m'a dit merci
   puis l'autobus est reparti.
80 Alors j'ai pensé
   comme c'est étonnant
   vraiment
   qu'il n'y ait pas
   dans ces autobus-là
85 des glaces au chocolat.

Jacques Charpentreau, *La Ville enchantée*, 1976.

Comprendre pour écrire

Questions pour la classe
1. Pourquoi la machine a-t-elle bon cœur aujourd'hui ?
2. Faut-il vraiment passer par Rotterdam pour se déplacer dans Paris ?
3. Est-il possible d'aller à Dakar et à Bornéo en autobus ?
4. Que leur racontait le machiniste ?
5. Ont-ils vraiment fait ce voyage ?
6. Avez-vous déjà pris un autobus dans une ville ? Racontez ce que vous avez fait, ce que vous avez vu.

11 Où est-ce ?

La grotte de Lascaux

La préhistoire est une période très ancienne de notre histoire. À cette époque, des hommes de Cro-Magnon vivaient en France ; à Lascaux, ils ont peint les parois d'une grotte.

Pour réaliser les peintures qui décorent les murs de la grotte, les hommes de l'époque ont utilisé plusieurs couleurs : du jaune, du rouge, du brun et du noir.

Comment peignait-on en ce temps-là ?

Les hommes montaient sur des échafaudages en bois pour peindre en hauteur sur les parois de la grotte. Ils dessinaient d'abord les contours de leurs dessins avec du charbon, ou ils gravaient les murs avec du silex. Puis ils utilisaient des poudres colorées pour peindre. Ils obtenaient ces poudres en écrasant des roches et des plantes, puis ils les mélangeaient à un peu d'eau. Ils étalaient la poudre avec des tampons de feuilles, des éponges ou des pinceaux en crin de cheval.

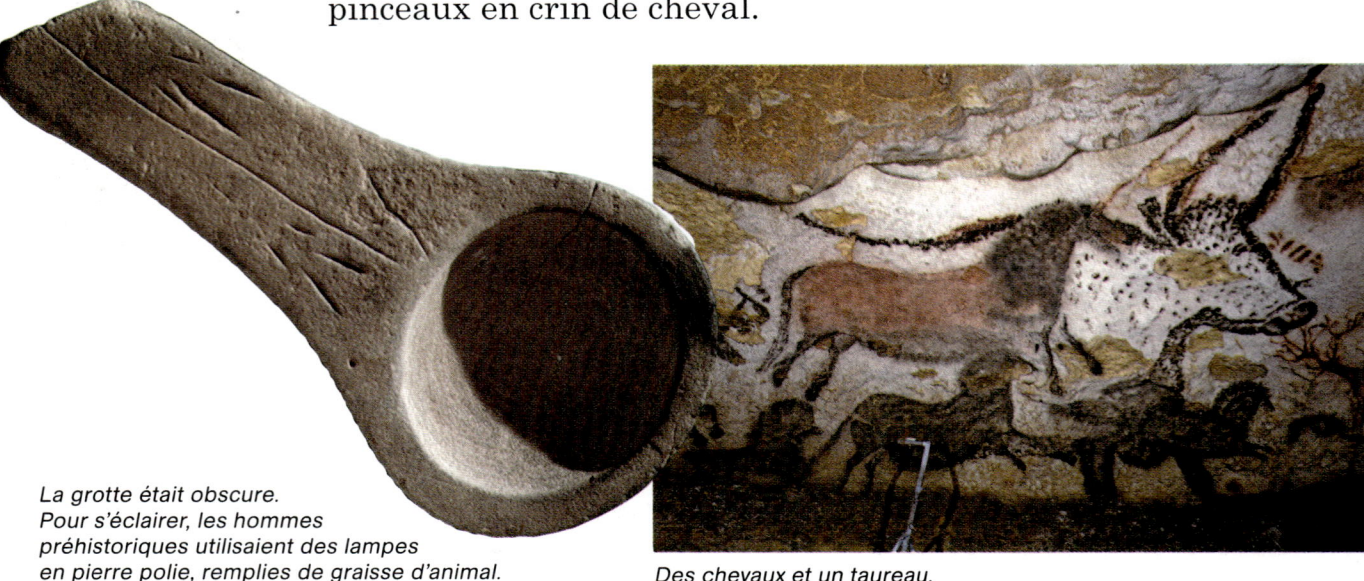

La grotte de Lascaux est située près du village de Montignac-sur-Vézère, en Dordogne.

La grotte était obscure. Pour s'éclairer, les hommes préhistoriques utilisaient des lampes en pierre polie, remplies de graisse d'animal.

Des chevaux et un taureau.

Que peignait-on ?

Les peintures représentent le plus souvent des animaux, dessinés de profil. Les chevaux sont les plus nombreux, mais on trouve aussi des taureaux, des veaux et des vaches, des aurochs, des cerfs, des bouquetins, quelques félins, des mammouths, un renne, un ours, un rhinocéros et une licorne.

Deux bouquetins. *Une licorne.*

Les licornes n'ont jamais existé, mais les mammouths et les aurochs, eux, ont disparu. Les aurochs sont les ancêtres des vaches, ils étaient brun et noir, leurs cornes étaient très longues…

Certains dessins de taureaux sont immenses, l'un d'eux mesure plus de 5 mètres de long.

Sur d'autres parois, on peut observer des empreintes de mains.

Un seul être humain est représenté : un homme à tête d'oiseau a été peint avec les bras écartés. Il a sans doute été blessé par un bison.

Comprendre pour écrire

Questions pour la classe
1. Comment s'appelle le village où se trouve la célèbre grotte ?
2. Ce village est-il situé au sud-ouest ou au sud-est de la France ?
3. Comment s'appelle la région de France où se trouve la grotte ?

Écris seul(e)
4. Qu'utilisaient pour s'éclairer les hommes de Cro-Magnon ?
5. Que représentent les peintures de la grotte ?
6. Que sont les aurochs ?

12 La maison

La girafe, le pélican et moi (1)

Près de chez moi, il y avait une drôle de maison tout en bois, inhabitée, complètement isolée• et située au bord de la route. Je brûlais d'envie• de l'explorer mais la porte restait toujours fermée. En regardant par la fenêtre, je voyais que c'était sale et tout noir à l'intérieur.

Il avait dû y avoir un magasin au rez-de-chaussée car on distinguait encore ces lettres, sur la façade :

AUX GOURMANDISES DE…

Ma mère m'a dit qu'autrefois cette maison était une boutique de bonbons. Un lieu de délices, sûrement ! Sur la vitrine, on avait peint en grosses lettres :

à vendre.

Un beau matin, je lus : vendu.

Cette nouvelle inscription me laissa tout songeur•. J'aurais tellement voulu l'avoir à moi, cette maison. La boutique serait redevenue le royaume des friandises… mon rêve ! Je l'imaginais remplie du sol au plafond de guimauves rosées et vertes, de chocolats fourrés, de caramels fondants, de rouleaux de réglisse, de berlingots craquants, de chewing-gums à la mandarine et de mille autres friandises mirobolantes•. Par le dieu des bonbons ! Quelles merveilles j'aurais faites si j'avais eu cette boutique !

Un beau jour, alors que j'admirais cette délicieuse maison, une énorme baignoire voltigea• de la fenêtre du deuxième étage et vint s'écraser au milieu de la rue ! Trente secondes plus tard, une cuvette de W.C. en porcelaine, avec son siège en bois, jaillit• de la même fenêtre et atterrit dans un fracas foudroyant• à côté de la baignoire. Suivirent un évier de cuisine, une cage à canaris sans canari, un lit à baldaquin•, deux bouillottes, un cheval à bascule, une machine à coudre… et je ne sais quoi d'autre encore ! On aurait dit que mille démons se déchaînaient

---

isolé : seul.

je brûlais d'envie : j'avais très envie.

songeur : il rêve et réfléchit.

mirobolant : trop beau pour pouvoir exister.

voltiger : voler ça et là.

jaillir : sortir brusquement.

un fracas foudroyant : un bruit très fort, comme un coup de tonnerre.

un lit à baldaquin : un lit avec des colonnes et des sortes de rideaux.

dans la maison. À présent,
des débris d'escalier, de rampe
et de lames de parquet,
valsaient par les fenêtres.
40   Soudain, ce fut le silence.
J'attendis un moment,
attentif au moindre bruit*,
mais il ne se passa rien.
Je traversai la route, me
45 plantai sous les fenêtres
et me mis à crier :
– Il y a quelqu'un ?
Pas de réponse.

au moindre bruit : au plus petit bruit.

Comprendre pour écrire

Questions pour la classe
1. Que vendait-on autrefois dans cette boutique ?
2. Pourquoi a-t-on écrit « vendu » sur la vitrine de la boutique ?
3. Quel était le désir du petit garçon ?
4. Qu'est-ce qui vient s'écraser au milieu de la rue ?
5. Imaginez pourquoi tous ces objets sont jetés dans la rue…

Écris seul(e)
6. La maison en bois était-elle habitée ?
7. Que vendait-on autrefois dans la boutique ? *Autrefois,…*
8. Qu'avait-on peint sur la vitrine ?
9. Qu'arriva-t-il à l'énorme baignoire ?

Vocabulaire
10. Dans ce texte, trouve les mots qui se rapportent à la maison.

Orthographe
- **nouvelle**
11. Pourquoi n'y a-t-il pas d'accent sur le **e** bleu dans **nouvelle** ?

- **cuvette**
12. Pourquoi n'y a-t-il pas d'accent sur le **e** bleu dans **cuvette** ?

Grammaire
…mille démons se déchaîn**ent**…
13. Pourquoi le verbe se termine-t-il par **ent** ?

La maison

La girafe, le pélican et moi (2)

La nuit était tombée et je partis. Mais je me promis de revenir vite, dès le lendemain matin pour voir quelle surprise m'attendait. La première chose qui me frappa le jour suivant, ce fut la nouvelle porte rouge vif qui remplaçait la vieille porte marron. Elle était fantastique, cette porte, deux fois plus haute que la première, ce qui semblait ridicule. Qui aurait voulu d'une porte si incroyablement haute ? À moins qu'un géant n'habitât la maison… Quelqu'un avait effacé le mot vendu sur la vitrine. À la place, il y avait un tas d'inscriptions, mais j'avais beau les lire et les relire, je n'arrivais pas à comprendre à quoi tout cela rimait•. Je tendais l'oreille, à l'affût• d'un bruit ou d'un signe de vie, mais il semblait n'y avoir personne à l'intérieur de la maison. Soudain, du coin de l'œil… je vis l'une des fenêtres du dernier étage s'ouvrir lentement. Puis une tête apparut. Stupéfait•, je la regardai. De grands yeux ronds et sombres se posèrent sur moi. Une deuxième fenêtre s'ouvrit alors bruyamment… Étais-je en train de rêver ?

Un gigantesque oiseau blanc venait de se percher sur le rebord de la fenêtre. C'était un pélican, je l'avais reconnu à cause de son énorme bec orange en forme de cuvette. L'oiseau baissa les yeux sur moi et se mit à chanter :

Ah ! j'aurais tant voulu
Manger du poisson cru !
Un beau poisson dodu•
Mais landelirelu
La mer n'est pas en vue…

– La mer est bien loin, approuvai-je•. Mais il y a un poissonnier dans notre village.
– Quoi ?
– Un poissonnier.
– Qu'est-ce que c'est ? demanda le Pélican. J'ai entendu parler de poissons rouges, de poissons-chats et même de

---

à quoi tout cela rimait : ce que tout cela voulait dire.

à l'affût : il guette, il observe.

stupéfait : très étonné, surpris.

dodu : bien gras.

approuver : être d'accord.

niais : un peu bête et naïf.

détourner la conversation : changer le sujet de la conversation.

poissons-scies mais jamais de poissons niais*. Ces niais sont-ils bons à manger ? La question m'étonna un peu et j'essayai de détourner* la conversation.

40 — Comment s'appelle ton amie, à la fenêtre voisine ?

— La Girafe ! répondit le Pélican. N'est-ce pas qu'elle est formidable ? Ses pieds sont au rez-de-chaussée et sa tête 45 au grenier.

Comme si tout cela ne suffisait pas, la fenêtre du premier étage s'ouvrit toute grande et il en surgit un singe !

L'animal s'avança sur le rebord de 50 la fenêtre et dansa la gigue*. Il était si squelettique* qu'on aurait dit un fil de fer poilu. Mais il dansait à merveille !

J'applaudis, en poussant des cris de joie, et 55 me mis à danser à mon tour.

la gigue : une danse d'origine anglaise.

squelettique : tellement maigre qu'on aperçoit les os.

Roald Dahl, *La girafe, le pélican et moi*, trad. Marie-Raymond Farré, ill. Quentin Blake, Éditions Gallimard, 1993, © Roald Dahl Nominee Ltd., 1985.

Comprendre pour écrire

Questions pour la classe

1. Quels sont les deux changements que le garçon remarque le lendemain ?
2. Comprend-il les inscriptions ?
3. Qui habitait maintenant la maison ?
4. Que vend un poissonnier ?
5. Trouvez un jeu de mot dans ce texte.

Écris seul(e)

6. Quand revient le petit garçon ?
7. Comment est le bec du pélican ?
8. Où sont les pieds et la tête de la girafe ?
9. Que fit le singe ?

Vocabulaire

10. Comment appelle-t-on l'étage le plus bas d'une maison ?

Orthographe

squelettique
11. Pourquoi n'y a-t-il pas d'accent sur le **e** bleu dans **squelettique** ?

Grammaire

De grands yeux ronds et sombres se posèrent sur moi.
12. Pourquoi le verbe se termine-t-il par **ent** ?

Conjugaison

Comment s'appelle ton amie, à la fenêtre voisine ?
13. Trouve l'infinitif du verbe de cette phrase.
14. À quel temps est-il conjugué ?

13 L'heure

L'histoire de la forêt des arbres à pendules

l'horizon : l'endroit où le ciel et la terre semblent se toucher.

une forêt de penduliers : une forêt d'arbres imaginaires.

une montre-gousset : une montre qui se met dans la poche d'un gilet.

— Il y a dans les Montagnes-Noires, de l'autre côté de l'horizon•, une forêt de penduliers•, une grande, immense, profonde forêt. Les penduliers sont une espèce d'arbres très particuliers qui portent comme fleurs et comme fruits des pendules, des montres, des réveille-matin, des montres-bracelets, des montres-gousset•, des coucous et des cadrans lumineux. Quand on entre dans la forêt des arbres à pendules, on croirait entendre un grand vent remuer toutes les branches. C'est le tic-tac des milliers de montres et de pendules qui achèvent de mûrir au soleil.

greffer un arbre : améliorer un arbre en y ajoutant un petit morceau d'un autre arbre.

émonder : couper les branches inutiles.

Les bûcherons des Montagnes-Noires s'appellent des bûcherons-horlogers. Ils soignent les penduliers, les arrosent, les greffent•, les émondent•, et empêchent les mauvaises herbes, la pluie, la sécheresse et le vent de leur faire du mal. Si on ne les soignait pas avec beaucoup de patience, les penduliers seraient malades et pousseraient tout de travers. Il y a des penduliers malades, dont les fruits sont mauvais. On dit qu'ils avancent ou bien qu'ils retardent. Quand un pendulier avance ou retarde, surtout si c'est un pendulier de l'espèce pendulier-réveil, c'est très ennuyeux, parce qu'au lieu de sonner avec tous les autres penduliers-réveils à sept heures du matin, il sonne avant ou après — « drelinn-linn-linn-ling » — et c'est très désagréable. Alors le bûcheron-horloger vient voir l'arbre à pendules avec un grand sécateur•, et il le remet en bonne santé…

un sécateur : un outil qui sert à couper les branches inutiles ou malades.

Claude Roy,
La maison qui s'envole,
Éditions Gallimard, 1977.

Comprendre pour écrire

Questions pour la classe
1. Quels sont les arbres de cette forêt ?
2. Pourquoi ces arbres sont-ils très particuliers ?
3. Pourquoi les bûcherons-horlogers soignent-ils les penduliers ?
4. Pourquoi est-ce ennuyeux qu'un pendulier-réveil avance ou retarde ?

Écris seul(e)
5. Qu'y a-t-il dans les Montagnes-Noires ?
6. Comment s'appellent les bûcherons des Montagnes-Noires ?
7. Qui est-ce qui soigne les penduliers ?
8. Que se passerait-il si on ne les soignait pas ?

Vocabulaire
9. Dans ce texte, trouve les noms d'instruments qui permettent de lire l'heure.

Orthographe
10. Trouve trois mots qui comportent le son [oi].

Grammaire
11. Classe les adjectifs suivants en deux colonnes.
grande, profonde, grand, bonne, joli, lumineux

Masculin	Féminin
…	…

Conjugaison
12. Recopie la phrase et souligne le verbe **avoir**.
Il y a des penduliers malades.

L'heure 59

14 Voir, entendre

Pierre et le loup (1)

Un beau matin, Pierre ouvrit la porte du jardin et s'en alla dans les prés verts. Sur la plus haute branche d'un grand arbre, était perché un petit oiseau, ami de Pierre. « Tout est calme ici. » gazouillait-il gaiement. Un canard arriva bientôt en se dandinant*, tout heureux que Pierre n'ait pas fermé la porte du jardin. Il en profita pour aller faire un plongeon dans la mare, au milieu du pré.

Apercevant le canard, le petit oiseau vint se poser sur l'herbe tout près de lui. « Mais quel genre d'oiseau es-tu donc, qui ne sait voler*? » dit-il en haussant les épaules. À quoi le canard répondit : « Quel genre d'oiseau es-tu qui ne sait pas nager ? » Et il plongea dans la mare. Ils discutèrent longtemps, le canard nageant dans la mare, le petit oiseau voltigeant au bord.

Soudain quelque chose dans l'herbe attira l'attention de Pierre, c'était le chat qui approchait en rampant. Le chat se disait : « L'oiseau est occupé à discuter. Je vais en faire mon déjeuner. » Et comme un voleur, il avançait sur ses pattes de velours*.

« Attention », cria Pierre, et l'oiseau aussitôt s'envola sur l'arbre. Tandis que du milieu de la mare le canard lançait au chat des « coin-coin » indignés*. Le chat rôdait* autour de l'arbre en se disant : « Est-ce la peine de grimper si haut ? Quand j'arriverai, l'oiseau se sera envolé. »

---

en se dandinant : en se balançant sur ses pattes.

qui ne sait voler : qui ne sait pas voler.

ses pattes de velours : se dit quand le chat rentre ses griffes.

indignés : pleins de colère.

rôdait : allait et venait avec un air bizarre.

Tout à coup Grand-père apparut.
Il était mécontent de voir que Pierre était allé dans le pré.

« L'endroit est dangereux. Si un loup sortait de la forêt, que ferais-tu ? » Pierre ne fit aucun cas* des paroles de son grand-père et déclara que les grands garçons n'avaient pas peur des loups. Mais Grand-père prit Pierre par la main, l'emmena à la maison et ferma à clé la porte du jardin.

Il était temps. À peine Pierre était-il parti, qu'un gros loup gris sortit de la forêt. En un éclair, le chat grimpa dans l'arbre. Le canard se précipita hors de la mare en caquetant. Mais malgré tous ses efforts, le loup courait plus vite. Le voilà qui approcha de plus en plus près, plus près, il le rattrapa, s'en saisit et l'avala d'un seul coup.

Et maintenant voici où en étaient les choses : le chat était assis sur une branche, l'oiseau sur une autre, à bonne distance du chat, bien sûr, tandis que le loup faisait le tour de l'arbre et les regardait tous deux avec des yeux gourmands.

ne fit aucun cas : n'attacha aucune importance à ce qu'on lui dit.

Comprendre pour écrire

Questions pour la classe
1. Pourquoi le chat avançait-t-il sur « ses pattes de velours » ?
2. Pourquoi le chat rôdait-t-il autour de l'arbre ?
3. Que fit Grand-père ?
4. Que se passa-t-il à l'arrivée du loup ?

Écris seul(e)
5. Où le petit oiseau était-il perché ?
6. Qui est-ce qui arriva en se dandinant ?
7. Qui est-ce qui sortit de la forêt ?
8. Que fit le loup quand il rattrapa le canard ?

Vocabulaire
9. Comment se déplace le chat pour ne pas être vu ou entendu ?

Orthographe
10. Trouve les trois façons dont le son [in] est écrit dans ce texte.

Grammaire
11. Trouve :
    - deux adjectifs au singulier,
    - deux adjectifs au pluriel.

Voir, entendre

Pierre et le loup (2)

observait : regardait attentivement.

s'empara : attrapa.

prends garde : fais attention.

agaçait : énervait.

le loup en fut pour ses frais : il s'est donné de la peine pour rien.

un nœud coulant : un nœud que l'on peut serrer ou desserrer à volonté.

un jardin zoologique : maintenant on dit plus simplement un zoo.

1   Pendant ce temps, derrière la porte du jardin, Pierre observait° ce qui se passait, sans la moindre frayeur. Une des branches de l'arbre, autour duquel tournait le loup, s'étendait jusqu'au mur. Pierre s'empara° de la branche, puis monta dans
5   l'arbre.
    Alors Pierre dit à l'oiseau : « Va voltiger autour de la gueule du loup mais prends garde° qu'il ne t'attrape. »
    De ses ailes, l'oiseau touchait presque la tête du loup qui sautait furieusement après lui pour l'attraper. Oh que l'oiseau
10 agaçait° le loup ! Et que le loup avait envie de l'attraper ! Mais que l'oiseau était bien trop adroit et le loup en fut pour ses frais°.
    Pendant ce temps, Pierre fit à la
15 corde un nœud coulant°, et les descendit tout doucement. Il attrapa le loup par la queue et tira de toutes ses forces. Le loup, se sentant pris, se mit à faire des bonds sauvages
20 pour essayer de se libérer. Mais Pierre attacha l'autre bout de la corde à l'arbre, et les bonds que faisait le loup ne firent que resserrer le nœud coulant.
25 C'est alors que les chasseurs sortirent de la forêt. Ils suivaient les traces du loup et tiraient des coups de fusil.
    Pierre leur cria du haut de l'arbre :
30 « Ne tirez pas ! Petit oiseau et moi, nous avons déjà attrapé le loup. Aidez-nous à l'emmener au jardin zoologique°. »

la marche triomphale : ils marchent fièrement car ils ont remporté la victoire.

35 Et maintenant, imaginez la marche triomphale• : Pierre est en tête ; derrière lui, les chasseurs traînaient le loup, et, fermant la marche le Grand-père et le chat. Le grand-père, mécontent, hochait la tête en disant : « Ouais ! Et si Pierre n'avait pas attrapé le loup, que serait-il arrivé ? »

Au-dessus d'eux, l'oiseau voltigeait en gazouillant :

braves : courageux.

40 « Comme nous sommes braves•, Pierre et moi. Regardez ce que nous avons attrapé ! »

Sergueï Sergueïevitch Prokofiev, *Pierre et le Loup* (1936), trad. Marc Fass.

Comprendre pour écrire

Questions pour la classe
1. Pourquoi Pierre demanda-t-il à l'oiseau de voltiger autour de la gueule du loup ?
2. Que fit Pierre avec la corde ?
3. Pourquoi le loup ne put-il pas se libérer ?
4. Pourquoi marchent-ils triomphalement ?

Écris seul(e)
5. Qui est-ce qui agaçait le loup ?
6. Où Pierre attacha-t-il la corde ?
7. Que faisaient les chasseurs ?
8. Où Pierre veut-il emmener le loup ?

Vocabulaire

Pierre observait ce qui se passait.
9. Remplace **observait** par un verbe qui veut dire la même chose

Grammaire

10. Mets tous les mots au pluriel.
  - un bond sauvage
  - la marche triomphale
  - un nœud coulant

15 Le corps

Je suis malade (1)

Je me sentais très bien hier, la preuve, j'ai mangé des tas de caramels, de bonbons, de gâteaux, de frites et de glaces, et, dans la nuit, je me demande pourquoi, comme ça, j'ai été très malade.

Le docteur est venu ce matin. Quand il est entré dans ma chambre, j'ai pleuré, mais plus par habitude que pour autre chose, parce que je le connais bien, le docteur, et il est rudement gentil. Et puis ça me plaît quand il met la tête sur ma poitrine, parce qu'il est tout chauve• et je vois son crâne• qui brille juste sous mon nez et c'est amusant. Le docteur n'est pas resté longtemps, il m'a donné une petite tape sur la joue et il a dit à maman : « Mettez-le à la diète• et surtout, qu'il reste couché, qu'il se repose. » Et il est parti.

chauve : il n'a plus de cheveux.

son crâne : sa tête.

mettez-le à la diète : il doit manger le moins possible.

Maman m'a dit : « Tu as entendu ce qu'a dit le docteur. J'espère que tu vas être très sage et très obéissant. » Moi, j'ai dit à maman qu'elle pouvait être tranquille. C'est vrai, j'aime beaucoup ma maman et je lui obéis toujours. Il vaut mieux, parce que, sinon, ça fait des histoires.

J'ai pris un livre et j'ai commencé à lire, c'était chouette• avec des images partout et ça parlait d'un petit ours qui se perdait dans la forêt où il y avait des chasseurs. Moi j'aime mieux

chouette : agréable.

les cow-boys : les hommes à cheval qui gardent les grands troupeaux de vaches aux États-Unis.

les histoires de cow-boys•, mais tante Pulchérie, à tous mes anniversaires, me donne des livres pleins de petits ours, de petits lapins, de petits chats, de toutes sortes de petites bêtes. Elle doit aimer ça, tante Pulchérie.

[…]

Le vilain loup, il ne l'avait pas eu le petit ours, parce qu'un chasseur avait battu le loup, mais maintenant, c'était un lion qui voulait manger le petit ours et le petit ours, il ne voyait pas le lion, parce qu'il était en train de manger du miel. Tout ça, ça me donnait de plus en plus faim. J'ai pensé à appeler maman, mais je n'ai pas voulu me faire gronder, elle m'avait dit de ne pas la déranger, alors je me suis levé, pour aller voir s'il n'y aurait pas quelque chose de bon dans la glacière.

Il y avait des tas de bonnes choses, dans la glacière. On mange très bien à la maison. J'ai pris dans mes bras une cuisse de poulet, c'est bon froid, du gâteau à la crème et une bouteille de lait. « Nicolas ! » j'ai entendu crier derrière moi, j'ai eu très peur et j'ai tout lâché. C'était maman qui était entrée dans la cuisine et qui ne s'attendait sans doute pas à me trouver là. J'ai pleuré, à tout hasard•, parce que maman avait l'air fâchée comme tout•.

à tout hasard : par précaution.

fâchée comme tout : très fâchée.

Comprendre pour écrire

Questions pour la classe

1. Pourquoi Nicolas est-il malade ?
2. Que doit faire Nicolas pour guérir ?
3. Nicolas est-il gourmand ? Et vous, êtes-vous gourmands ?
4. Pourquoi la maman est-elle fâchée ?
5. Est-ce une bonne idée de manger beaucoup après une indigestion ?

Écris seul(e)

6. Qu'avait mangé Nicolas hier ?
7. Quand Nicolas a-t-il été malade ?
8. Qu'a dit le docteur à la maman de Nicolas ?
9. Qu'a pris Nicolas dans la glacière ?

Vocabulaire

10. Dans ce texte, trouve six noms de parties du corps.

Orthographe

11. Trouve le nom féminin terminé par le son [ou].

Grammaire

12. Copie ces phrases et souligne les déterminants.
    - **Le docteur est venu ce matin.**
    - **Un chasseur avait abattu le loup.**

Conjugaison

Je suis malade.

13. Trouve le verbe. Quel est l'infinitif de ce verbe ? À quel temps est-il conjugué ?

16 La santé

Je suis malade (2)

Alors, maman n'a rien dit, elle m'a emmené dans la salle de bains, elle m'a frotté avec l'éponge et l'eau de Cologne et elle m'a changé de pyjama, parce que, sur celui que je portais, le lait et le gâteau à la crème avaient fait des éclaboussures•. Maman m'a mis le pyjama rouge à carreaux et elle m'a envoyé coucher en vitesse, parce qu'il fallait qu'elle nettoie la cuisine.

De retour dans mon lit, je n'ai pas voulu reprendre le livre avec le petit ours que tout le monde voulait manger. J'en avais assez de cette espèce d'ours qui me faisait faire des bêtises. Mais ça ne m'amusait pas de rester comme ça, sans rien faire, alors, j'ai décidé de dessiner. Je suis allé chercher tout ce qu'il me fallait dans le bureau de papa. Je n'ai pas voulu prendre les belles feuilles de papier blanc, avec le nom de papa écrit en lettres brillantes dans le coin, parce que je me serais fait gronder, j'ai préféré prendre des papiers où il y avait des choses écrites d'un côté et qui ne servaient sûrement plus. J'ai pris aussi le vieux stylo de papa, celui qui ne risque plus rien.

Vite, vite, vite, je suis rentré dans ma chambre et je me suis couché. J'ai commencé à dessiner des trucs formidables ; des bateaux de guerre qui se battaient à coups de canon contre des avions qui explosaient dans le ciel, des châteaux forts avec des tas de monde qui attaquaient et des tas de monde qui leur jetaient des choses sur la tête pour les empêcher d'attaquer. Comme je ne faisais pas de bruit depuis un moment, maman est venue voir ce qui se passait. Elle s'est mise à crier de nouveau. Il faut dire que le stylo de papa perd un peu d'encre, c'est pour ça d'ailleurs que papa ne s'en sert plus. C'est très pratique pour dessiner les explosions, mais je me suis mis de l'encre partout et aussi sur les draps et le couvre-lit. Maman était fâchée et ça ne lui a pas plu les papiers sur lesquels je dessinais, parce qu'il paraît que ce qui était écrit de l'autre côté du dessin, c'était des choses importantes pour papa.

Maman m'a fait lever, elle a changé les draps du lit, elle m'a emmené dans la salle de bains, elle m'a frotté avec une pierre ponce•, l'éponge et ce qui restait au fond de la bouteille d'eau de

---

des éclaboussures : des taches produites par un liquide.

une pierre ponce : une roche volcanique dure et rugueuse dont on se sert pour nettoyer la peau.

Cologne et elle m'a mis une vieille chemise de papa à la place de mon pyjama, parce que, de pyjama propre, je n'en avais plus.

Le soir, le docteur est venu mettre sa tête sur ma poitrine, je lui ai tiré la langue, il m'a donné une petite tape sur la joue et il m'a dit que j'étais guéri et que je pouvais me lever.

Mais on n'a vraiment pas de chance avec les maladies, à la maison, aujourd'hui. Le docteur a trouvé que maman avait mauvaise mine• et il lui a dit de se coucher et de se mettre à la diète•.

Jean-Jacques Sempé et René Goscinny, Le petit Nicolas,
Éditions Denoël, 1960, 2002.

avoir mauvaise mine : avoir l'air malade.

se mettre à la diète : ne plus rien manger, ou manger très peu.

Comprendre pour écrire

Questions pour la classe
1. Qu'a pris Nicolas pour dessiner ?
2. Qu'est-ce qu'il a dessiné ? Pourquoi ?
3. Pourquoi la maman de Nicolas crie-t-elle de nouveau ?
4. Pourquoi Nicolas ne devait-il pas utiliser ces papiers ?
5. Combien de fois Nicolas est-il emmené dans la salle de bain ?

Écris seul(e)
6. Où la maman emmène-t-elle Nicolas ?
7. Qu'est-ce qui avait fait des éclaboussures sur le pyjama ?
8. Avec quoi la maman a-t-elle frotté Nicolas ?
9. Qui est-ce qui est venu le soir ?

Vocabulaire
10. Dans ce texte, trouve quatre noms de parties du corps.
11. Pourquoi le docteur pense-t-il que la maman de Nicolas est malade ?

Orthographe
12. Dans ce texte, trouve un nom féminin terminé par le son [i] ; ce mot est au pluriel. Écris-le au singulier.

Grammaire
13. Dans ce texte, trouve deux exemples de déterminant au pluriel suivi d'un nom au pluriel.

Conjugaison
C'est très pratique…
14. Trouve le verbe. Quel est l'infinitif de ce verbe ? À quel temps est-il conjugué ?

17 Grandir

Manger pour vivre

*Animaux ou végétaux, tous les êtres vivants ont besoin
d'aliments pour vivre. Transformés dans ton corps,
ils donnent de l'énergie à tes muscles,
des étincelles à ton cerveau, te font grandir.
Et manger est aussi un plaisir.*

Pour fonctionner, toutes les machines ont besoin de carburant. Si on n'alimente pas la chaudière d'une maison, toutes les pièces seront vite froides. Notre corps a aussi besoin d'énergie. Ce sont les **aliments**.

Tu as sans doute déjà senti les tiraillements dans ton estomac quand tu as faim. La seule façon de se sentir mieux est d'avaler quelque chose. Quelquefois, ta gorge te brûle et tu dois boire. Ainsi, tout se passe comme si ton corps te parlait. Avoir faim est, comme respirer, un réflexe• pour survivre.

un réflexe : une réaction automatique de notre corps.

¹⁵ Manger, c'est grandir un peu !
Un bébé qui vient de naître ne pèse
que quelques kilogrammes, mesure
environ cinquante centimètres.
Quelques mois plus tard, il a grandi
²⁰ et grossi. Les biberons de lait,
les purées et les bouillies
que sa mère et son père
lui ont donnés ont été
efficaces.

Plante une petite pousse dans la terre ou bien des lentilles dans du coton.
Si tu ne les arroses pas, les plantes meurent. L'eau et la lumière sont les aliments des végétaux.

Michèle Mira Pons, *Les aliments à petits pas*, Actes Sud Junior, 2000.

Comprendre pour écrire

Questions pour la classe
1. À quoi servent les aliments ?
2. Que faut-il faire quand on a faim et soif ?
3. Que doit manger un bébé pour grandir ?
4. Que se passe-t-il si on n'arrose pas les plantes ?

Écris seul(e)
5. De quoi les êtres vivants ont-ils besoin pour vivre ?
6. De quoi les machines ont-elles besoin pour fonctionner ?
7. Qu'est-ce qui apporte de l'énergie à notre corps ?
8. Que dois-tu faire quand ta gorge te brûle ?

Vocabulaire
9. Trouve des mots de la famille du mot **aliment**.

Grammaire
10. Complète chaque phrase avec le groupe nominal qui convient.
- **Toutes ... ... ont besoin de carburant.**
- **Si tu ne les arroses pas, ... meurent.**

Conjugaison
Tu as faim.
11. Recopie la phrase et entoure le verbe en rouge. À quelle personne est-il conjugué ?
12. Conjugue ce verbe aux trois personnes du singulier.

Grandir

Les beaux métiers

la bruyère : une plante à fleurs violettes ou roses.

1 Certains veulent être marins,
D'autres ramasseurs de bruyère,
Explorateurs de souterrains,
Perceurs de trous dans le gruyère,

5 Cosmonautes, ou, pourquoi pas,
Goûteurs de tartes à la crème,
De chocolat et de babas :
Les beaux métiers sont ceux qu'on aime.

le faon : le petit de la biche et du cerf.

L'un veut nourrir un petit faon,
10 Apprendre aux singes l'orthographe,
Un autre bercer l'éléphant…
Moi, je veux peigner la girafe !

Jacques Charpentreau, *Poèmes pour peigner la girafe*,
Hachette Livre/Gautier-Languereau, 1994.

Comprendre pour écrire

Questions pour la classe
1. Le métier de perceur de trous dans le gruyère existe-t-il ?
2. Le métier de goûteur a-t-il existé ?
3. Les singes peuvent-ils apprendre l'orthographe ?
4. Est-il possible de bercer un éléphant ?
5. Quel métier l'auteur veut-il exercer ?
6. Quel métier aimeriez-vous exercer ? Pourquoi ?

Grandir 71

18 — Le caractère

La fuite des animaux (1)

un manguier : un arbre des pays chauds qui produit les mangues.

il avait élu domicile : il s'était installé là.

un auvent de branches : comme un petit toit de branches.

il jaillit : il sortit à toute vitesse.

il détala : il s'enfuit.

un bosquet : un petit groupe d'arbres.

1 J'étais alors un lion et je vivais dans une forêt près de l'océan. Là, au pied d'un vieux manguier°, un jeune lièvre avait élu domicile°, dans un terrier protégé par un auvent° de branches. Ce petit lièvre était un grand peureux.

5 Un jour, alors qu'il se reposait dans l'obscurité, il eut une pensée effrayante : « Que m'arriverait-il si la terre s'ouvrait tout à coup ? »

À cet instant, une grosse mangue
10 mûre s'écrasa au sol avec un bruit assourdissant, juste au-dessus du terrier du petit lièvre.

« Ça y est, la terre est en train de s'écrouler ! » pensa le lièvre.

15 Il jaillit° de son terrier et détala°, pris de panique.

Son cousin, voyant son air effrayé, l'appela, « Que se passe-t-il ? Pourquoi t'enfuis-tu dans un tel état ? »

Le lièvre apeuré se retourna et hurla sans s'arrêter :

« La terre s'effondre ! Je me sauve ! »

20 Immédiatement, son cousin le suivit. Un autre lièvre, voyant toute cette agitation, se joignit à eux. Bientôt un autre fit de même, jusqu'à ce que toute la famille des lièvres se retrouve à courir à travers la forêt. Un daim, dans un bosquet° de bambous, vit les lièvres s'enfuir et interrogea un retardataire.

il glapit : il poussa des petits cris.

25 « La terre s'effondre ! C'est la fin du monde ! » glapit* l'animal.

Sans hésiter, le daim se joignit à leur fuite affolée. Suivi bientôt par toute sa famille.

Puis vinrent les sangliers, les bœufs, 30 les rhinocéros, les tigres et même les éléphants.

une débandade : une fuite en désordre.

Alors que les animaux en pleine débandade* filaient devant ma tanière, je les entendis crier que la terre était 35 en train de s'effondrer. Mais je n'entendais aucun grondement, aucun tremblement de terre et il ne semblait pas que la fin du monde soit pour tout de suite. Je décidai de les 40 arrêter car ils couraient vers l'océan et ils allaient tous se noyer.

Comprendre pour écrire

Questions pour la classe
1. Pourquoi le lièvre détala-t-il ?
2. Pourquoi tous les animaux couraient-ils dans la forêt ?
3. Pourquoi le lion décida-t-il de les arrêter ?
4. Le lièvre a eu une pensée effrayante. Trouvez d'autres exemples de pensées effrayantes…

Écris seul(e)
5. Où habitait le jeune lièvre ?
6. Était-il courageux ?
7. Qu'est-ce qui s'écrasa au sol ?
8. Écris le nom de tous les animaux qui ont suivi le lièvre.

Vocabulaire
9. Quel était le défaut du lièvre ?

Grammaire

À cet instant, une grosse mangue mûre s'écrasa au sol avec un bruit assourdissant, juste au-dessus du terrier du petit lièvre.
10. Trouve le verbe de cette phrase.
11. Trouve le sujet du verbe.

Conjugaison

La terre s'effondre !
12. Écris cette phrase en mettant le verbe au futur.

Le caractère

18 Le caractère

La fuite des animaux (2)

les meneurs :
ceux qui
dirigent.

1   Je rattrapai les meneurs° de la troupe à l'instant où ils atteignaient la plage. Je rugis trois fois pour stopper leur fuite.
    « Qui a dit que la terre s'effondrait ? » demandai-je. « Vous, les éléphants, l'avez-vous vue s'écrouler ? »
5   « Non, » dirent les éléphants, « mais les tigres l'ont vue. »
    « Non, » dirent les tigres, « mais les rhinocéros l'ont vue. »
    « Non, » dirent les rhinocéros, « mais les bœufs l'ont vue. »
    « Non, » dirent les bœufs, « mais les sangliers l'ont vue. »
    « Non, » dirent les sangliers, « mais le daim l'a vue. »
10 « Non, » dit le daim, « mais les lièvres l'ont vue. »

«Aucun de nous ne l'a vue,» dirent les lièvres, «sauf notre petit cousin.»

«Je ne l'ai pas vue s'écrouler,» dit le jeune et timide lièvre. «Mais je l'ai entendue alors que je me reposais et que j'étais en train de me demander ce qui se passerait si la terre venait à s'effondrer.»

«Et où te reposais-tu, mon petit?» demandai-je.

«Dans mon terrier, au pied du vieux manguier.» dit-il.

Je devinai alors ce qui avait dû provoquer° le bruit. J'interpellai° les animaux:

«Attendez-moi ici. Je vais aller voir ce qui s'est passé. Petit lièvre, montre-moi le chemin de ton terrier.»

J'installai l'animal effrayé sur mon dos et courus vers son abri. Comme il me l'avait décrit, son terrier était au pied d'un vieux manguier et comme je m'en doutais, une grosse mangue mûre s'était écrasée devant l'entrée. Je dis au lièvre:

«Le bruit que tu as entendu, c'était ce fruit qui tombait. C'est tout!»

Nous retournâmes vers la plage et racontâmes aux autres ce qui s'était passé.

Jeanne M. Lee, *Le singe et le crocodile, petites histoires racontées par le Bouddha*, trad. Anne Tardy, Gallimard Jeunesse, 2000.

provoquer un bruit: être la cause d'un bruit.

interpeller: adresser vivement la parole pour demander quelque chose.

Comprendre pour écrire

Questions pour la classe
1. Comment le lion arrêta-t-il les animaux?
2. Un animal avait-il vu que la terre s'effondrait?
3. Alors pourquoi ont-ils tous pris la fuite?
4. Quelle était la vraie cause du bruit?

Écris seul(e)
5. Est-ce que les éléphants ont vu la terre s'écrouler?
6. Est-ce que les tigres ont vu la terre s'écrouler?
7. Est-ce que les rhinocéros ont vu la terre s'écrouler?
8. Est-ce que les bœufs ont vu la terre s'écrouler?

Vocabulaire
9. Quel est le contraire de **peureux**?

Grammaire
Son terrier était au pied d'un vieux manguier.
10. Trouve le verbe de cette phrase.
11. Trouve le sujet du verbe.

Le caractère

19 Les plantes

Tistou les pouces verts (1)

« Pourvu que le sommeil ne me reprenne pas ! » se disait Tistou en se rendant à la leçon.

Dans la serre, le jardinier Moustache, prévenu par Monsieur Père, attendait son élève.

Le jardinier Moustache était un vieil homme solitaire, peu bavard et pas toujours aimable. Une extraordinaire forêt, couleur de neige, lui poussait sous les narines.

La moustache de Moustache, comment vous la décrire ? Une véritable merveille de la nature. Les jours de bise, lorsque le jardinier s'en allait la pelle sur l'épaule, c'était superbe à voir ; on aurait dit deux flammes blanches qui lui sortaient du nez et lui battaient les oreilles.

Tistou aimait bien le vieux jardinier, mais il en avait un peu peur.

— Bonjour, Monsieur Moustache, dit Tistou en soulevant son chapeau.

— Ah ! te voilà, répondit le jardinier. Eh bien ! on va voir de quoi tu es capable. Voici un tas de terreau° et voici des pots à fleurs. Tu vas remplir les pots avec du terreau, enfoncer ton pouce au milieu pour faire un trou et ranger les pots en ligne le long du mur. Après nous mettrons dans les trous les graines qui conviennent. […]

Tistou, en accomplissant la tâche° que Moustache lui avait donnée, eut une bonne surprise : ce travail ne l'endormait pas. Au contraire, il y prenait plaisir. Il trouvait que le terreau avait une bonne odeur. Un pot vide, une pelletée, un trou avec le pouce et le tour était joué. On passait au suivant. Les pots s'alignaient le long du mur.

Pendant que Tistou continuait avec beaucoup d'application, Moustache faisait lentement le tour du jardin. Et Tistou découvrit ce jour-là pourquoi le vieux jardinier parlait si peu aux gens ; c'est qu'il parlait aux fleurs. […]

Puis il se tourna vers Tistou et lui cria de loin :

du terreau : sorte de terre, mélange que l'on utilise pour planter des fleurs ou des arbres.

la tâche : le travail.

— Alors, c'est pour aujourd'hui ou c'est pour demain ?
— Ne vous impatientez pas, professeur ; je n'ai plus que trois pots à remplir, répondit Tistou.

Il se hâta° de terminer et alla rejoindre Moustache à l'autre bout du jardin.

— Voilà, j'ai fini.
— Bon, nous allons voir ça, fit le jardinier. Ils revinrent lentement, parce que Moustache en profitait, ici pour féliciter une grosse pivoine de sa bonne mine, là pour encourager un hortensia à devenir bleu… Soudain, ils s'immobilisèrent, ébahis, bouleversés, stupéfaits.

— Voyons, voyons, je ne rêve pas, dit Moustache en se frottant les yeux. Tu vois bien la même chose que moi ?
— Mais oui, Monsieur Moustache.

Le long des murs, là, à quelques pas, tous les pots remplis par Tistou avaient fleuri, en cinq minutes !

Entendons-nous bien ; il ne s'agissait pas d'une floraison° timide, de quelques pousses hésitantes et pâles. Non ! dans chaque pot s'épanouissaient de superbes bégonias, et tous ces bégonias alignés formaient un épais buisson rouge.

il se hâta : il se dépêcha.

la floraison : le moment où les fleurs fleurissent.

Comprendre pour écrire

Questions pour la classe
1. Que doit faire Tistou ?
2. Ce travail plaît-il à Tistou ?
3. Que fait le vieux jardinier pendant ce temps ?
4. Pourquoi Moustache et Tistou sont-ils stupéfaits ?

Écris seul(e)
5. Avec quoi Tistou doit-il remplir les pots ?
6. Que mettront-ils dans les trous ?
7. En combien de temps les pots avaient-ils fleuri ?

Vocabulaire
8. Dans ce texte, trouve les mots qui se rapportent au jardin et aux plantes.

Grammaire
Le terreau avait une bonne odeur.
Les pots s'alignaient le long du mur.

9. Les groupes nominaux sont en bleu. Recopie les phrases et souligne seulement les groupes nominaux sujets.

Les plantes

Tistou les pouces verts (2)

— Ce n'est pas croyable, disait Moustache. Il faut au moins deux mois pour faire des bégonias comme ceux-ci !

Un prodige est un prodige ; on commence par le constater et ensuite on essaie de l'expliquer.

Tistou demanda :

— Mais puisqu'on n'avait pas mis de graines, Monsieur Moustache, d'où viennent ces fleurs ?

— Mystère... mystère..., répondit Moustache.

Puis, brusquement, il prit entre ses mains rugueuses les petites mains de Tistou, en disant :

— Montre-moi donc tes pouces !

Il examina attentivement les doigts de son élève, au-dessus, au-dessous, dans l'ombre et dans la lumière.

— Mon garçon, dit-il enfin après mûre réflexion, il t'arrive une chose aussi surprenante qu'extraordinaire. Tu as les pouces verts.

— Verts ? s'écria Tistou, fort étonné. Moi, je les vois roses, et même plutôt sales pour le moment. Ils ne sont pas verts.

— Bien sûr, bien sûr, tu ne peux pas le voir, reprit Moustache. Un pouce vert est invisible. Cela se passe sous la peau ; c'est ce qu'on appelle un talent caché. Seul un spécialiste peut le découvrir. Or je suis spécialiste et je t'affirme que tu as les pouces verts.

un prodige : un événement extraordinaire.

un mystère : quelque chose que l'on arrive pas à comprendre.

ses mains rugueuses : ses mains ne sont pas lisses, elles sont désagréables au toucher.

après mûre réflexion : après avoir bien réfléchi.

un talent : une habileté particulière pour faire quelque chose.

— À quoi ça sert, les pouces verts ?

— Ah ! c'est une qualité merveilleuse, répondit le jardinier, un vrai don du Ciel ! Vois-tu, il y a des graines partout. Non seulement dans la terre ; mais il y en a sur le toit des maisons, sur le rebord des fenêtres, sur les trottoirs, sur les palissades*, sur les murs. Des milliers, des milliards de graines qui ne servent à rien. Elles sont là, elles attendent qu'un coup de vent les pousse vers un champ ou un jardin. Souvent elles meurent, prises entre deux pierres, sans avoir pu se changer en fleurs. Mais si un pouce vert se pose sur une de ces graines, où qu'elle soit, la fleur pousse, instantanément. Du reste, tu en as la preuve devant toi. Tes pouces ont découvert dans la terre des graines de bégonias, et tu vois le résultat. Crois-moi, je t'envie ; ça m'aurait été bien utile, dans mon métier, d'avoir les pouces verts.

Tistou ne parut pas enchanté de la révélation.

— On va encore dire que je ne suis pas comme tout le monde, murmura-t-il.

— Le mieux, répliqua Moustache, c'est de n'en parler à personne.

une palissade : une barrière de planches.

Maurice Druon, *Tistou les pouces verts*, Gallimard, 2005, Le Livre de Poche, 2007.

Comprendre pour écrire

Questions pour la classe
1. Qu'est-ce qui est un prodige ?
2. Pourquoi Moustache parle-t-il de mystère ?
3. Que dit-il après avoir examiné les pouces de Tistou ?
4. Où peut-il y avoir des graines ?
5. Pourquoi Moustache aurait-il aimé avoir les pouces verts ?

Écris seul(e)
6. Combien de temps faut-il normalement pour avoir des fleurs comme celles-là ?
7. Comment sont les mains de Moustache ?
8. Que dit Moustache des pouces de Tistou ?
9. Comment Tistou voit-il ses pouces ?

Vocabulaire
10. Qu'est-ce qui donne naissance à un bégonia ou à d'autres plantes ?

Orthographe
11. Trouve le mot de la même famille que **merveilleuse** qui se termine par [eille].

Grammaire
La fleur pousse instantanément.
12. Mets le sujet du verbe au pluriel et accorde le verbe.

Conjugaison
La fleur pousse instantanément.
13. Mets cette phrase au futur.

Les plantes

20 Les animaux

Une leçon de pêche

couver : rester sur ses œufs pour qu'ils soient au chaud jusqu'à leur éclosion.

le cap : une pointe de terre qui s'avance dans la mer.

juché : situé en hauteur.

le tunnel : le nid où est déposé l'œuf se trouve au fond d'un profond tunnel creusé par les parents.

naquit : est né.

1 Après avoir couvé• chacun à leur tour, Maman et Papa Macareux virent que leur œuf tacheté de rouge allait éclore. Ils s'envolèrent joyeusement au-dessus du cap•. Mais ils le firent l'un après l'autre, car ils ne devaient pas abandonner l'œuf,
5 même pour un seul instant. Là-haut, dans le pré juché• sur la falaise, les chasseurs d'œufs, un rat gris ou un goéland par exemple, pourraient se rendre jusqu'au tunnel•.

Petit Macareux naquit• tout recouvert de duvet doux et gris. Papa et Maman le réchauffèrent et le nourrirent à tour de rôle
10 dans le nid aménagé dans la partie la plus profonde du tunnel. À peine y entendait-on le bruit des vagues se briser sur les rochers et le cri des goélands qui passaient.

— Quand pourrai-je voler ? demanda Petit Macareux, la cinquième semaine. Plusieurs fois, il s'était avancé jusqu'à
15 l'entrée du tunnel : il avait regardé le ciel, humé• le vent salé de la mer et admiré le vol libre des oiseaux de mer vivant sur la falaise, il se sentait fort et capable ; avec son bec déjà solide, il pouvait arracher et couper de gros brins d'herbe au bord de l'ouverture.

humer : inspirer l'air, le vent, par le nez pour sentir.

20 — Encore un peu de patience, petit, dit Papa Macareux. Tu as encore des choses à apprendre… Il s'envola, laissant son petit seul un instant. C'était la première fois que Petit Macareux restait vraiment seul : le ciel et la mer lui parurent alors comme un dangereux gouffre• beaucoup trop vaste• et profond
25 pour lui. Il retourna vers l'ombre et la quiétude• du tunnel. Papa Macareux revint à tire-d'aile, tenant sept petits poissons

un gouffre : un trou très profond.

vaste : immense.

la quiétude : la tranquillité.

frétillants :
qui remuent.

frétillants* dans son bec. Il les déposa sur le sol et arrêta d'un léger coup de bec le petit qui se précipitait déjà pour les manger.

— Tu les mangeras dans un moment, dit-il. Pour l'instant tu dois apprendre à les tenir sous ta langue, bien serrés contre ton bec comme je l'ai fait. Cela te rendra service quand tu pêcheras au lieu de retourner à terre chaque fois pour déposer ta prise*. Juste à ce moment-là, Maman Macareux arriva en battant des ailes. Elle regarda son petit qui essayait d'entasser les poissons dans son bec mais ils tombaient tout le temps et il lui fallait les ramasser et recommencer.

ta prise : le poisson que tu viens de prendre.

— Je n'y arriverai jamais ! dit Petit Macareux.

— Tu réussiras, dit Maman Macareux en s'approchant et en réunissant les poissons ensemble pour que Petit Macareux essaie encore. Tu y arriveras comme nous avons fait, Papa et moi. Petit Macareux se remit à la tâche*. Dehors, de temps en temps, un goéland traversait le ciel en criant.

à la tâche :
au travail

Roberto Piumini, *Mamans et bébés animaux de la mer*, trad. Cécile Gagnon, Éditions Rouge & Or, 1991.

Comprendre pour écrire

Questions pour la classe
1. Pourquoi les macareux doivent-ils constamment surveiller l'œuf ou le petit ?
2. Que firent les parents après la naissance du petit ?

Écris seul(e)
3. Raconte en deux phrases :
- par qui l'œuf a été couvé ;
- ce que firent les parents après la naissance du bébé.

Vocabulaire
4. Connais-tu d'autres animaux qui plongent pour attraper leur nourriture ?

Grammaire
Il retourna vers l'ombre et la quiétude du tunnel.
5. Trouve le verbe de cette phrase.
6. Trouve le pronom sujet du verbe.

Conjugaison
Tu as encore des choses à apprendre.
7. Recopie la phrase et mets le verbe au futur.

Les animaux

Dinosaures et autres Bêtosaures

Maman dit :
« Mon chéri, mon trésor,
mon tout-p'tit trésosaure,
J't'adore ! »
Alors moi, je suis parti
Sans même attendre la nuit
Sans même attendre le soir
Faire un tour en préhistoire
Par le fin-fond de mon lit
Dans ma grotte dans le noir
Se levaient de grosses bêtes
On voyait d'abord des têtes
Des écailles et des arêtes
Puis j'ai pu apercevoir

Un machérodus
Qui secouait ses puces
Un tricératops craquant quelques os
Le diplodocus
Au cerveau minus
Le ptérodactyle
L'air un peu débile
Un ornithopode
Qu'a pas l'air commode
Un tas de sauriens
Qui ont l'air de vauriens
Le tyrannosaure
Qui est le plus fort
Et l'iguanodon
Qui tournait en rond.

trésosaure : pour la maman, son fils est un trésor.

préhistoire : il y a très très longtemps.

le fin fond : tout au fond.

minus : minuscule.

débile : stupide.

30 — Alors j' les chasse
Ou j'me cache
Parce que tu sais, j'suis sûr
Qu' j'ai vu

Un machérodus
35 Qui secouait ses puces…
Et d'autres encore de toutes sortes
Mais fallait qu' j'ressorte
C'était mon papa
Qui levait mon drap
40 En disant… « Coquin de sort,
Je suis le grand croquosaure !
Et moi, j'ai trouvé encore…
Un tout p'tit
dinosaure ! »

Texte : Jeanne-Marie Pubellier,
musique : Hélène Bohy, Éditions Enfance et Musique.

Comprendre pour écrire

Questions pour la classe
1. Où l'enfant va-t-il faire un tour ?
2. Qu'est-ce qui lui sert de grotte ?
3. Que voit-il apparaître dans cette grotte ?
4. Pourquoi doit-il ressortir ?
5. A-t-il réellement vu tous ces animaux préhistoriques ?
6. Trouvez deux mots inventés dans ce texte.

21 Préserver la Terre

Qui mange qui et quoi ?

la substance : la matière dont est fait un corps (la chair), ou une plante.

aux dépens des autres : les autres nous permettent de vivre car nous les mangeons.

un maillon : un des anneaux d'une chaîne.

perturbé : dérangé, déréglé.

Pour vivre et grandir, il faut manger la substance• d'un autre être vivant, animal ou plante. Pour nous nourrir, nous vivons tous les uns aux dépens• des autres : c'est la chaîne alimentaire.
Si un maillon• manque dans cette chaîne ou est empoisonné, tout est perturbé• !

1. Toutes les chaînes alimentaires commencent par les végétaux, que ceux-ci soient de la taille d'un arbre ou visibles seulement au microscope, comme le plancton•.

le plancton : animaux et végétaux très petits, vivant dans l'eau douce ou salée.

gober : avaler en aspirant, sans mâcher.

la sève : le liquide qui circule dans les plantes.

2. La chouette mange le moineau qui a gobé• l'insecte qui a croqué le puceron qui a sucé la sève• d'un bourgeon ! La chouette peut aussi manger un mulot qui a mangé le fruit d'un arbuste.

Le requin mange le thon qui a avalé un anchois qui s'est nourri
du plancton végétal microscopique !

se repaître : se nourrir.

15 Les hyènes se repaissent* du cadavre du lion qui avait mangé
la gazelle qui avait brouté les feuilles d'un arbuste !
Il n'y a pas d'autre solution !
Simplement, les uns sont herbivores et végétariens, alors que
d'autres sont carnivores ou omnivores (ils mangent quasiment
20 de tout).

la chlorophylle : ce qui donne une couleur verte aux plantes.

3. Sans les plantes et la chlorophylle* qui fabriquent la matière
végétale, il n'y aurait pas de nourriture et donc pas d'animaux
ni d'êtres humains à la surface de la Terre !

François Michel, *L'écologie à petits pas*, Actes Sud Junior, 2007.

Comprendre pour écrire

Questions pour la classe
1. Qu'est-ce qu'une chaîne ?
2. Pourquoi parle-t-on de chaîne alimentaire ?
3. Par quoi commencent toutes les chaînes alimentaires ?
4. Donnez un exemple de chaîne alimentaire.

Écris seul(e)
5. Explique en trois phrases :
- ce qu'il faut manger pour vivre et grandir ;
- qui est-ce qui mange le moineau ;
- ce que mange le requin.

Vocabulaire
6. Qu'est-ce qui est indispensable aux animaux et aux êtres humains sur la planète Terre ? Pourquoi ?

Orthographe
7. Trouve :
- un mot qui comporte la graphie **aill** ;
- un mot qui comporte la graphie **euill**.

Préserver la Terre

21 Préserver la Terre

C'est avec du vieux qu'on fait du neuf !

*Une grande partie du contenu de nos poubelles peut être réutilisée ou recyclée: le papier, le verre, certains plastiques, les métaux et même les restes alimentaires pour faire du compost qui sera utilisé comme engrais•.
Avant de recycler les déchets, il faut impérativement• les trier !*

l'engrais: un produit que l'on met dans la terre pour que les plantes poussent mieux.

impérativement: nécessairement.

la collecte sélective: le ramassage des déchets triés par les usagers.

organiques: qui proviennent de matières animales ou végétales.

un conteneur: une sorte de très grande caisse.

les matières premières: les matières que l'on transforme ensuite pour fabriquer des objets (le bois, par exemple).

1. Certaines villes sont équipées de collectes sélectives• avec des poubelles pour le verre, pour le papier, pour les déchets organiques•. Dans d'autres villes, il faut aller déposer ses déchets dans des conteneurs• spéciaux disposés dans chaque quartier ou aller à la déchetterie. En triant et en recyclant, on réduit la quantité de déchets à brûler et on économise des matières premières•.

2. Avec des matières plastiques recyclées, on peut, par exemple, fabriquer des fourrures polaires, des pulls, des tuyaux, des bancs publics ou des abris de jardin.

3. Le verre est un matériau facile à recycler. Il suffit de le mettre en morceaux, de le faire fondre et de l'utiliser pour créer de nouveaux objets.

4. Ramassés depuis longtemps par les ferrailleurs, les vieux métaux sont aujourd'hui précieux pour l'industrie. Le fer est fondu et réutilisé pour fabriquer des tôles, des barres et toutes sortes d'objets métalliques.

5. Pour recycler le papier, il faut enlever l'encre des vieux papiers avant de le transformer en pâte qui servira à fabriquer des journaux, des sacs d'emballage, du carton ou du papier hygiénique.

6. Certains artistes exécutent leurs œuvres, sculptures ou tableaux, à partir de matériaux ou d'objets de récupération : c'est le « récup'art ».

François Michel, *L'écologie à petits pas*, Actes Sud Junior, 2007.

Comprendre pour écrire

Questions pour la classe
1. Que peut-on recycler ?
2. Pourquoi le tri et le recyclage sont-ils utiles pour la planète Terre ?
3. À la maison, triez-vous les déchets recyclables ? Comment ?
4. Quels sont les déchets que vous triez pour les recycler ?

Écris seul(e)
5. Explique en trois phrases :
- ce qu'il faut faire avant de recycler les déchets ;
- ce que l'on peut faire avec des matières plastiques recyclées ;
- comment on recycle le papier.

Vocabulaire

6. Trouve un nom de la même famille pour chacun de ces mots :
- un **déchet**
- le **fer**
- le **recyclage**.

Grammaire

Il faut impérativement les trier !

7. Quel est le mot de cette phrase qui est un adverbe ?
8. Quel adverbe pourrait-on utiliser pour le remplacer dans cette phrase ?

Préserver la Terre

22 La vie des animaux

Le léopard

prends garde : fais attention.
à mi-voix : avec un ton de voix faible.

1 Si tu vas dans les bois,
Prends garde° au léopard.
Il miaule à mi-voix°
Et vient de nulle part.

béant : grand ouvert.

5 Au soir, quand il ronronne,
Un gai rossignol chante,
Et la forêt béante°
Les écoute et s'étonne,

S'étonne qu'en ses bois
10 Vienne le léopard
Qui ronronne à mi-voix
Et vient de nulle part.

Robert Desnos, *Chantefables et chantefleurs*, Gründ, 1955.

Comprendre pour écrire

Questions pour la classe
1. D'où vient le léopard du poème ?
2. Quels bruits fait-il ?
3. Qui est-ce qui chante ?
4. Que fait la forêt ?

La vie des animaux 89

La vie des animaux

Le Petit Prince

1 C'est alors qu'apparut le renard :
— Bonjour, dit le renard.
— Bonjour, répondit poliment le petit prince, qui se retourna mais ne vit rien.
5 — Je suis là, dit la voix, sous le pommier…
— Qui es-tu ? dit le petit prince. Tu es bien joli…
— Je suis un renard, dit le renard.
— Viens jouer avec moi, lui proposa le petit prince. Je suis tellement triste…
10 — Je ne puis pas jouer avec toi, dit le renard. Je ne suis pas apprivoisé•.
— Ah ! pardon, fit le petit prince.
Mais, après réflexion•, il ajouta :
— Qu'est-ce que signifie « apprivoiser » ?
15 — Tu n'es pas d'ici, dit le renard, que cherches-tu ?
— Je cherche les hommes, dit le petit prince. Qu'est-ce que signifie « apprivoiser » ?
— Les hommes, dit le renard, ils ont des fusils et ils chassent. C'est bien gênant ! Ils élèvent aussi des poules. C'est leur seul
20 intérêt•. Tu cherches des poules ?
— Non, dit le petit prince. Je cherche des amis. Qu'est-ce que signifie « apprivoiser » ?
— C'est une chose trop oubliée, dit le renard. Ça signifie « créer des liens. »
25 — Créer des liens ?

un animal apprivoisé : il n'a plus peur des hommes.

après réflexion : après avoir réfléchi.

c'est leur seul intérêt : c'est le seul avantage que le renard trouve aux hommes.

semblable : presque pareil.

unique au monde : différent de tous les autres dans le monde.

— Bien sûr, dit le renard. Tu n'es encore pour moi qu'un petit garçon tout semblable à cent mille petits garçons. Et je n'ai pas besoin de toi. Et tu n'as pas besoin de moi non plus. Je ne suis pour toi qu'un renard semblable• à cent mille renards. Mais, si tu m'apprivoises, nous aurons besoin l'un de l'autre. Tu seras pour moi unique au monde•. Je serai pour toi unique au monde…

— Je commence à comprendre, dit le petit prince. Il y a une fleur… je crois qu'elle m'a apprivoisé…

— C'est possible, dit le renard. On voit sur la Terre toutes sortes de choses…

— Oh ! Ce n'est pas sur la Terre, dit le petit prince.

Le renard parut très intrigué• :

intrigué : intéressé, curieux.

— Sur une autre planète ?

— Oui.

— Il y a des chasseurs, sur cette planète-là ?

— Non.

— Ça, c'est intéressant ! Et des poules ?

— Non.

— Rien n'est parfait, soupira le renard.

Mais le renard revint à son idée :

monotone : tout est toujours pareil dans sa vie.

ensoleillé : gai, comme la lumière du soleil.

le blé : une céréale dont on écrase les grains pour faire de la farine.

— Ma vie est monotone•. Je chasse les poules, les hommes me chassent. Toutes les poules se ressemblent, et tous les hommes se ressemblent. Je m'ennuie donc un peu. Mais, si tu m'apprivoises, ma vie sera comme ensoleillée•. Je connaîtrai un bruit de pas qui sera différent de tous les autres. Les autres pas me font rentrer sous terre. Le tien m'appellera hors du terrier, comme une musique. Et puis regarde ! Tu vois là-bas, les champs de blé• ? Je ne mange pas de pain. Le blé pour moi est inutile. Les champs de blé ne me rappellent rien. Et ça, c'est triste ! Mais tu as des cheveux couleur d'or. Alors ce sera merveilleux quand tu m'auras apprivoisé ! Le blé, qui est doré, me fera souvenir de toi. Et j'aimerai le bruit du vent dans le blé…

Le renard se tut et regarda longtemps le petit prince :

— S'il te plaît… apprivoise-moi, dit-il.

Antoine de Saint-Exupéry, *Le Petit Prince*, Éditions Gallimard, 1946.

Comprendre pour écrire

Questions pour la classe

1. Que proposa le petit prince au renard ?
2. Pourquoi le renard dit-il « rien n'est parfait » ?
3. Pourquoi le renard veut-il être apprivoisé ?
4. Pourquoi est-ce important d'avoir des amis ?

23 La croissance des plantes

Une vie d'arbre

visible : que l'on peut voir.
la vie végétale : la vie des plantes.
déploie : étend.

Les arbres sont les représentants les plus grands et les plus visibles• de la vie végétale•. Ce sont des êtres vivants qui naissent, vivent, grandissent et meurent sans changer de place. Leur histoire commence par une graine tombée sur le sol et, pour certains, elle dure plusieurs centaines d'années.

1. La naissance
Au début de sa vie, l'arbre est une petite graine. Semée dans la terre, elle germe et fabrique d'abord une racine. Très vite, une première feuille sort. Cette jeune pousse est encore très fragile.

2. L'arbre grandit
Avec du soleil et de l'eau, le bourgeon qui se trouve en haut de la tige s'ouvre. Le petit arbre déploie• ses premières branches. Sa tige s'allonge. Ses racines s'enfoncent davantage dans le sol.

3. L'arbre grossit
Année après année, les branches et les racines prennent des centimètres d'épaisseur. La tige se transforme en tronc solide.

4. L'arbre se reproduit
Lorsqu'il est bien grand, il fleurit et produit des fruits contenant des graines qui donneront bientôt naissance à d'autres arbres.

Jean-Benoît Durand, *La forêt à petits pas*, Actes Sud Junior, 2002.

Comprendre pour écrire

Questions pour la classe
1. Comment commence la vie d'un arbre ?
2. Combien de temps un arbre peut-il vivre ?
3. De quoi l'arbre a-t-il besoin pour grandir ?
4. Qu'est-ce qui donne naissance à un arbre ?
5. Que se passe-t-il quand l'arbre est grand ?

Écris seul(e)
6. Raconte en quatre phrases :
- comment commence la vie d'un arbre ;
- ce qui est nécessaire au développement du bourgeon ;
- comment se transforme la tige de l'arbre ;
- ce qu'il produit quand il est assez grand.

Vocabulaire
7. Trouve des noms d'arbres qui donnent des fruits à noyaux.

Conjugaison
Il est bien grand.
8. Recopie la phrase et mets le verbe au futur.

Homonymes

le cerfeuil :
une plante aromatique.

1 Il y a le vert du cerfeuil•
  Et il y a le ver de terre.
  Il y a l'endroit et l'envers,
  L'amoureux qui écrit en vers,
5 Le verre d'eau plein de lumière,

le vair : la fourrure d'un écureuil russe appelé petit-gris.

  La fine pantoufle de vair•
  Et il y a moi, tête en l'air,
  Qui dis toujours tout de travers.

Maurice Carême,
Le Mât de cocagne,
© Fondation Maurice Carême.

Comprendre pour écrire

Questions pour la classe

1. Quelle est la couleur du cerfeuil ?
2. Où trouve-t-on des **vers** de terre ?
3. Quel est le nombre de **vers** de ce poème ?
4. À quoi sert un **verre** ?
5. Que peut-on faire avec du **vair** ?

La croissance des plantes

24 L'alimentation des animaux

Un énorme appétit

Née dix jours auparavant, Petite Baleine ne pesait que deux tonnes et demie et ne mesurait que sept mètres. Elle nageait lentement près de Maman Baleine qui mesurait vingt-neuf mètres et pesait cent tonnes.

— Maman, quand je serai grande comme toi, est-ce que je pourrai manger les îles ?

— Tu ne pourras manger ni les grandes ni les petites îles, répondit la maman tout en continuant de nager sans se presser.

Pour le moment, Maman Baleine restait à la surface de l'eau ; elle enseignait à Petite Baleine comment faire bouger sa nageoire caudale• de haut en bas pour avancer.

sa nageoire caudale : sa nageoire de queue.

— Maman, quand je serai grande comme toi, je pourrai manger des baleines ?

— Tu ne pourras manger ni les grosses baleines comme nous, ni les petites comme les baleines pygmées•.

Tout en nageant, Maman Baleine montrait à sa petite baleine comment sortir de l'eau la partie supérieure de son dos pour expirer• et inspirer• de l'air. Plus tard, quand Petite Baleine serait plus grande, elle apprendrait à descendre tout au fond de la mer en retenant sa respiration pendant vingt minutes.

— Maman, quand je serai grande comme toi, je pourrai manger des poissons ?

pygmées : naines.

expirer : chasser l'air de ses poumons.

inspirer : faire entrer l'air dans ses poumons.

— Tu ne mangeras ni les gros poissons comme les requins ni les petits comme les harengs, répondit Maman Baleine. Elle tourna son énorme queue pour faire voir à son bébé comment changer de direction.

— Mais alors, s'écria Petite Baleine, quand je serai grande je mourrai de faim !

— Bois un peu de lait, puis je vais t'expliquer, dit la maman en se penchant dans l'eau pour que son bébé puisse plus facilement glisser sous elle et atteindre son abdomen*.

Un jet de lait crémeux, riche en substances nourrissantes, passa du corps de la mère à celui du nourrisson.

Rassasiée*, Petite Baleine recommença à nager, oubliant ses inquiétudes au sujet de ce qu'elle allait manger plus tard. Mais sa mère ne voulait pas que ce problème revienne la tourmenter* encore.

— Nous, les baleines, ne mangeons ni des îles ni des baleines ni même des poissons, dit-elle. Notre nourriture est le plancton. Ce sont de minuscules animaux flottants qui passent dans notre gueule à travers nos fanons*…

— J'ai compris ! interrompit Petite Baleine, s'élançant en avant d'un rapide coup de queue. Ce sera comme si je buvais le lait de la mer !

Roberto Piumini, *Mamans et bébés animaux de la mer*, traduction Cécile Gagnon, Éditions Rouge & Or, 1991.

son abdomen : son ventre.

rassasiée : elle a assez mangé.

la tourmenter : l'inquiéter.

les fanons : des sortes de dents qui laissent passer l'eau et retiennent la nourriture (les baleines ne peuvent pas mordre)

Comprendre pour écrire

Questions pour la classe
1. Pourquoi les baleines doivent-elles remonter à la surface ?
2. Comment les baleines nourrissent-elles leurs petits ?
3. Pourquoi Petite Baleine s'inquiète-t-elle ?
4. Que lui explique sa mère pour la rassurer ?

Écris seul(e)
5. Raconte en quatre phrases :
- comment était Petite Baleine à la naissance ;
- ce que lui apprend sa mère ;
- comment sa mère la nourrit ;
- ce qu'elle mangera quand elle sera grande.

Vocabulaire
6. Connais-tu des animaux qui mangent des poissons ?

Orthographe
7. Trouve cinq mots qui se terminent par le son [é].

Grammaire
8. Quand Petite Baleine mangera-t-elle du plancton ?

Conjugaison
Tu mangeras du plancton.
9. Recopie la phrase et mets le verbe au passé composé

L'alimentation des animaux

25 L'air

La légende d'Icare

Le Minotaure, monstre à corps d'homme et à tête de taureau se nourrissait de chair humaine. Minos, roi de Crète•, l'avait fait enfermer dans le labyrinthe construit par l'architecte Dédale. Thésée, fils du roi d'Athènes, tua le Minotaure. Minos, qui ne voulait pas se séparer de son génial architecte utilisa alors le labyrinthe pour y enfermer Dédale et son fils.

Un jour, alors que Dédale suivait des yeux les gracieux oiseaux de mer fendant l'océan de l'azur•, il lui vint une idée. « Le roi Minos peut bien m'interdire la terre et la mer, se dit-il, mais il n'a aucun pouvoir sur les airs. »

Il se mit alors à étudier le vol des oiseaux et à observer la façon dont étaient faites leurs ailes. Il regarda les petits oiseaux chanteurs ouvrir et refermer leurs ailes, examina comment ils s'élevaient du sol, planaient en descendant des arbres, allaient çà et là. Il observa les hérons agitant leurs longues ailes. Il regarda les aigles monter dans les airs et fondre• sur leur proie. Il vit également comment leurs plumes se chevauchaient•.

Quand il estima avoir compris les secrets du vol, Dédale se rendit à un endroit où il savait trouver des nids, et recueillit des plumes de différentes dimensions. Dans une chambre, sous les toits, il se mit à fabriquer des ailes. Il fit d'abord une rangée avec les plumes les plus petites, puis une autre avec de plus grandes plumes et en mit encore de plus grandes par-dessus. Il assembla les plumes par leur milieu avec du fil et par leur extrémité avec de la cire. Quand il eut assez de rangées, il leur fit prendre une courbe légère, comme de véritables ailes d'oiseaux.

---

la Crète : une grande île dans la mer Méditerranée.

l'azur : le ciel.

fondre : se précipiter.

se chevaucher : se recouvrir en partie.

Son fils Icare le regardait travailler. En riant, il rattrapait les plumes que le vent faisait envoler. Il appuyait son pouce sur la cire jaune pour l'amollir, mais il gênait plus qu'il n'aidait. Quand Dédale eut fini la paire d'ailes, il la mit. Il se souleva dans l'air et y plana. Il remuait les ailes exactement comme il l'avait vu faire aux oiseaux, et miracle, il volait ! Icare battit des mains de joie. « Fais-moi aussi deux ailes, père », s'écria-t-il.

Dédale fit alors une seconde paire d'ailes et apprit à son fils à voler. « Je t'avertis, Icare. dit Dédale, pas d'imprudences ! Ne sois pas trop hardi•. Vole à mi-chemin entre le ciel et la terre. Si tu t'élèves trop, le soleil te brûlera les ailes. Si tu voles trop bas, la mer les mouillera. Prends-moi comme guide. Suis-moi et tout ira bien. » […]

Puis il déploya ses ailes et s'envola du sommet de la maison. Icare le suivit. Dédale ne perdait pas de l'œil son fils, comme l'oiseau qui a fait sortir un oiselet pour la première fois du nid, et l'a lancé dans l'air. C'était de bonne heure le matin. […]

Le père et le fils survolaient maintenant la mer. Dédale n'avait plus d'inquiétude au sujet d'Icare qui se servait de ses ailes aussi facilement qu'un oiseau. […] Comme c'était palpitant• de s'élever à une grande hauteur, puis de fermer ses ailes et de se laisser tomber, comme la foudre, pour remonter à nouveau !

hardi : audacieux.

palpitant : passionnant.

L'air

Icare essaya cela plusieurs fois, et chaque fois il s'élevait plus haut dans le ciel sans nuages. « Les aigles eux-mêmes ne montent pas jusqu'ici, pensait-il. Je suis semblable aux dieux qui habitent le vaste ciel. »

Soudain, il sentit quelque chose de chaud lui couler sur les épaules. Il s'était trop approché du soleil éclatant• et la cire odorante• qui réunissait les plumes fondait. Avec un frémissement• de terreur, il se sentit tomber à pic. Ses ailes, brisées en mille morceaux, tombaient avec lui. En vain• Icare battit des bras – il n'avait plus de prise sur l'air. « Père, cria-t-il, père, au secours, je tombe ! »

Il criait encore que les eaux bleues de la mer – appelée depuis mer Icarienne – se refermèrent sur lui.

« Icare ! Icare ! où es-tu ? » criait Dédale, se tournant de tous côtés et scrutant• l'air dans toutes les directions. Puis ses regards tombèrent sur la mer. Des touffes de plumes flottaient sur la crête des vagues.

Quelques jours plus tard, le corps d'Icare fut rejeté au rivage. Là, sur l'île solitaire qui porte aujourd'hui son nom, Icare, fils unique• de Dédale, fut enseveli• par son père.

D'après *Mythes et Légendes, un grand livre d'or*, adaptation d'A.T. White, Éditions des Deux Coqs d'or. 1960.

éclatant : brillant.
odorant : qui a une bonne odeur.
un frémissement : un tremblement
en vain : inutilement.
scruter : examiner attentivement.
le fils unique : le seul fils.
ensevelir : enterrer.

Comprendre pour écrire

Questions pour la classe
1. Où Dédale et son fils sont-ils retenus prisonniers ?
2. Pourquoi Dédale fabrique-t-il des ailes ?
3. Pourquoi Icare doit-il voler à mi-chemin entre ciel et terre ?
4. Icare suit-il les conseils de son père ? Que lui arrive-t-il ?
5. Peut-on vraiment voler comme un oiseau en se fabricant des ailes ?

Écris seul(e)
6. Raconte en cinq phrases :
- ce que fabrique Dédale pour s'échapper ;
- pour qui il fabrique une seconde paire d'ailes ;
- comment Icare réussit à voler ;
- ce qui se passe quand il s'approche trop du soleil ;
- où est tombé Icare.

Vocabulaire
7. Trouve des noms d'appareils qui permettent de se déplacer dans l'air.

Orthographe
8. Trouve un mot dans lequel **y** correspond à **i** et deux mots dans lesquels **y** correspond à **i-i**.

Grammaire
9. Comment Icare se servait-il de ses ailes ?

Conjugaison
Il regarda les petits oiseaux.
10. Recopie la phrase et mets le verbe au passé composé

L'air en conserve

1 Dans une boîte, je rapporte
Un peu de l'air de mes vacances
Que j'ai enfermé par prudence.
Je l'ouvre ! Fermez bien la porte.

5 Respirez à fond ! Quelle force !
La campagne en ma boîte enclose•
Nous redonne l'odeur des roses,
Le parfum puissant des écorces,

Les arômes• de la forêt…
10 Mais couvrez-vous bien, je vous prie,
Car la boîte est presque finie :
C'est que le fond de l'air est frais.

Jacques Charpentreau, *La ville enchantée*, 1976.

enclose : enfermée.

les arômes : les odeurs, les parfums.

Comprendre pour écrire

Questions pour la classe

1. Que rapporte l'auteur dans la boîte ?
2. Pourquoi faut-il fermer la porte quand on ouvre cette boîte ?
3. Pourquoi faut-il respirer à fond ?
4. Pourquoi faut-il bien se couvrir quand la boîte est presque finie ?

L'eau vive

1. Ma petite est comme l'eau, elle est comme l'eau vive,
   Elle court comme un ruisseau que les enfants poursuivent.
   Courez, courez vite si vous le pouvez,
   Jamais, jamais vous ne la rattraperez.

5. Lorsque chantent les pipeaux, lorsque danse l'eau vive,
   Elle mène mes troupeaux au pays des olives.
   Venez, venez mes chevreaux, mes agnelets,
   Dans le laurier, le thym et le serpolet.

   Un jour que sous les roseaux sommeillait mon eau vive,
10. Vinrent les gars du hameau pour l'emmener captive.
    Fermez, fermez votre cage à double clé,
    Entre vos doigts l'eau vive s'envolera.

    Comme les petits bateaux emportés par l'eau vive,
    Dans ses yeux les jouvenceaux voguent à la dérive.
15. Voguez, voguez, demain vous accosterez,
    L'eau vive n'est pas encore à marier.

    Pourtant un matin nouveau, à l'aube mon eau vive,
    Viendra battre son trousseau aux cailloux de la rive.
    Pleurez, pleurez si je demeure esseulé,
20. Le ruisselet au large s'en est allé.

Paroles et musique de Guy Béart, © Éditions Espace,
2, rue du Marquis de Morès, 92380 Garches.

---

l'eau vive : l'eau qui coule.

un pipeau : une petite flûte.

au pays des olives : en Provence.

les chevreaux : les petits de la chèvre.

les agnelets : les petits agneaux (petits de la brebis).

le laurier, le thym, le serpolet : des plantes parfumées utilisées en cuisine.

un hameau : un petit village.

captive : prisonnière.

les jouvenceaux : les adolescents.

voguer : naviguer.

à la dérive : emporté par l'eau.

accoster : rejoindre le bord.

l'aube : le début du jour.

le trousseau : les affaires que l'on emporte avec soi.

esseulé : seul.

Comprendre pour écrire

Questions pour la classe
1. Qui est l'eau vive ?
2. Qui est-ce qui capture l'eau vive ?
3. Pourquoi capture-t-on l'eau vive ?
4. L'eau vive restera-t-elle toujours prisonnière ?

Écris seul(e)
5. Raconte en quatre phrases :
- comment court l'eau vive ;
- où elle mène les troupeaux ;
- qui capture l'eau vive ;
- si elle reste prisonnière.

Vocabulaire

6. Trouve les mots qui ont un rapport avec l'eau.

Grammaire

Elle court comme un ruisseau que les enfants poursuivent.

7. Trouve deux questions que l'on peut poser sur cette phrase.

L'eau

27 Le froid, le chaud

Dimitri le frileux

une isba : une maison en bois.

Il y avait une fois, dans une isba• de la forêt russe couverte de neige, trois enfants, deux sœurs et leur jeune frère. Les fillettes étaient toujours occupées : quand l'une cuisinait devant ses fourneaux•, l'autre faisait les lits dans les chambres, quand celle-ci coupait du bois dans la remise, celle-là raccommodait• une chemise… Mais ce qui leur donnait vraiment trop de travail, c'était leur jeune frère, Dimitri. Car Dimitri ne savait rien faire ! Et il ne faisait rien, sinon bâiller et paresser•. Et comme, en plus, il avait toujours froid, il grimpait sur le gros poêle de la maison et y restait couché toute la journée. C'est pour cela qu'elles l'avaient surnommé• Dimitri-le-frileux…

un fourneau : une sorte de cuisinière qui fonctionne au bois ou au charbon.

raccommoder : réparer du linge avec une aiguille et du fil.

paresser : éviter l'effort, ne rien faire.

surnommer : donner un nom à la place du vrai nom.

Un matin, Dimitri-le-frileux, allongé comme d'habitude sur son poêle, est bien décidé à ne rien faire sinon à se tenir bien au chaud. Mais voilà que l'une de ses sœurs lui dit, d'un ton autoritaire• :

un ton autoritaire : qui montre qu'on veut être obéi.

— Dimitri, si tu veux te régaler d'une bonne soupe chaude à midi, il faut que tu ailles chercher de l'eau, il n'y en a plus. Voici les seaux…

— Oh ! Je préfère rester au chaud, bâille Dimitri.

— Eh bien, pas de bonne soupe chaude à midi, répond sa sœur.

Alors Dimitri descend de son poêle, met sa veste de peau, ses bottes fourrées et son gros bonnet à poil. Puis il prend une hache, les seaux et il affronte le froid…

Arrivé à la rivière gelée, Dimitri, d'un coup de hache, fait un trou dans la glace et y plonge les seaux. Une fois qu'ils sont remplis d'eau glacée, il les retire du trou et va prendre le chemin du retour quand il découvre quelque chose dans l'un des seaux. Dimitri n'en croit pas ses yeux : il a pêché sans le vouloir un gros brochet tout blanc. Et qui parle ! Car le brochet implore• :

implorer : demander en insistant beaucoup.

— Dimitri ! Relâche-moi, je t'en prie !

Le jeune garçon, tout surpris, lui répond :

— Te relâcher ? Il n'en est pas question. Ce soir, tu seras cuit au four…

Mais le brochet insiste :
— Dimitri, si tu me relâches, il arrivera tout ce que tu voudras.
— Prouve-le, brochet.
40 — Que désires-tu ? demande le brochet.
— Je veux que mes seaux rentrent seuls à la maison, murmure Dimitri avec un petit sourire.
— D'accord, dit le brochet. Prononce la formule enchantée• : que par la volonté magique du brochet soit réalisé mon vœu !
45 Que les seaux rentrent seuls à la maison !
Dimitri répète la formule enchantée et les seaux, comme par magie, prennent le chemin de l'isba. Là, ils trouvent place près de l'évier et Dimitri, après avoir relâché le brochet, vient à nouveau se percher sur son poêle.

Conte traditionnel russe, in *Toboggan Magazine*, Éditions Milan, 1984.

la formule enchantée : la formule magique.

Comprendre pour écrire

Questions pour la classe
1. Pourquoi Dimitri a-t-il un surnom ?
2. Pourquoi Dimitri décide-t-il d'obéir à sa sœur ?
3. Que veut faire Dimitri du brochet ?
4. Pourquoi accepte-t-il de le relâcher ?

Écris seul(e)
5. Raconte en cinq phrases :
- comment est surnommé Dimitri et pourquoi il est surnommé ainsi ;
- ce qu'il a pêché ;
- ce que lui demande le brochet ;
- ce que lui promet le brochet ;
- ce qui se passe quand Dimitri prononce la formule magique.

Vocabulaire
6. Trouve dans ce texte les mots qui se rapportent au froid.

Orthographe
7. Recopie, souligne la lettre muette et trouve l'adjectif féminin.
frileux : …   froid : …   chaud : …

Grammaire
8. Trouve deux phrases négatives dans ce texte.

Conjugaison
Les fillettes étaient occupées.
9. Recopie et mets cette phrase au passé composé.

Le froid, le chaud

28 Le progrès

D'hier…

● **Du silex au robot**

biface : outil de pierre taillé sur ses deux faces.

– 20 000 ans. Le premier outil est le biface, le silex aiguisé des hommes préhistoriques.

– 2 000 ans. Les hommes fabriquent des outils en bronze, plus solides que les outils en bois.

1300. Les moulins utilisent l'énergie de l'eau pour actionner des meules, des soufflets ou des marteaux.

1789. Plus puissante, la machine à vapeur apparaît, et avec elle, les vraies fabriques.

● **Du troc à l'hypermarché**

actionner : faire fonctionner une machine.

le troc : l'échange d'un objet contre un ou plusieurs autres.

s'approvisionner : acheter de la nourriture.

une dépêche : une sorte de lettre.

– 20 000 ans. Les premiers hommes échangent entre voisins : collier d'os contre défense de mammouth !

– 2 500 ans. Des caravanes de voyageurs circulent. Ils troquent leurs produits contre ceux qui leur manquent.

1000. Dans les foires médiévales, les paysans viennent s'approvisionner ou vendre les produits de leur ferme.

● **Du messager au satellite**

An I. Un homme court très vite annoncer une nouvelle à une tribu voisine.

1000. Le messager à cheval met parfois des semaines à communiquer une nouvelle.

1700. Avec l'installation des boîtes aux lettres, on reçoit un message rapidement par la poste.

1825. Le télégraphe transmet par signaux une dépêche en quelques heures. Mais par beau temps seulement !

Isabelle de Froment, *L'extraordinai*

Comprendre pour écrire

Questions pour la classe

1. Les outils en bois sont-ils plus solides que les outils en bronze ?
2. Combien de temps mettait un messager à cheval pour communiquer une nouvelle ?
3. Qui est-ce qui programme le robot ?
4. Où fait-on ses achats aujourd'hui ?
5. Comment peut-on se parler d'une ville à l'autre de nos jours ?
6. Comment transmet-on les images aujourd'hui ?

Écris seul(e)

7. Raconte en cinq phrases :
- quel est le premier outil ;
- quelle énergie utilisent les moulins ;
- grâce à quoi marche le robot ;
- ce qu'on trouve dans les grands magasins ;
- comment on reçoit des nouvelles chez soi.

... à aujourd'hui

1900. On teste le moteur à gaz dans les manufactures. Chaque machine-outil est reliée au moteur central.

1925. L'électricité remplace les autres énergies. Dans les usines, chaque machine a son moteur indépendant.

Aujourd'hui. Le robot marche grâce à l'informatique : c'est un précieux outil programmé par l'homme.

tester : essayer et vérifier.

machine-outil : une machine qui sert à fabriquer des objets.

une manufacture : une sorte d'usine.

1600. On fait ses achats au marché ou dans les boutiques des villes et des villages.

1870. Les premiers grands magasins sont nés. On y trouve vraiment de tout !

Aujourd'hui. On a l'embarras du choix : la boutique, le marché, le grand magasin ou la vente par correspondance.

l'énergie : c'est ce qui permet aux machines de fonctionner.

un moteur indépendant : il peut fonctionner seul, sans les autres moteurs.

1860. Le télégraphe électrique marche même les jours de pluie ou de brouillard !

1900. On peut enfin communiquer d'une ville à une autre en se parlant au téléphone.

1930. Grâce à la télégraphie sans fil, ou TSF, on reçoit des nouvelles chez soi en écoutant le poste de radio.

Aujourd'hui. Les satellites de communication peuvent transmettre des images en direct d'un bout du monde à l'autre.

venture des Hommes, du silex au satellite, ill. Jean-Louis Besson, *Astrapi*, Bayard Jeunesse, 1996.

Vocabulaire

8. Dans le passé, qu'est-ce qui utilisait l'énergie de l'eau ?
9. Quelle est l'énergie qui remplace les autres énergies en 1925 ?

Orthographe

10. Dans ce texte, trouve deux verbes qui commencent par **ap**.

Grammaire

11. Dans ce texte, trouve un groupe nominal enrichi.

Conjugaison

Des caravanes de voyageurs circulent.
On y trouve vraiment de tout !

12. Recopie ces phrases en mettant les verbes à l'imparfait.

Le progrès

29 Le feu

Roche-Écrite : incendie maîtrisé

Roche-Écrite : un sommet de l'île de La Réunion.

une réserve naturelle : une zone où la nature est protégée.

circonscrire les feux : les empêcher de s'étendre.

on a dénombré : on a compté.

la flore : les plantes.

ravagée : détruite.

combustible : qui peut brûler.

calciné : brûlé.

L'incendie qui s'était déclaré dimanche dernier dans la réserve naturelle• de Roche-Écrite• a été maîtrisé hier dans la journée. Les quelques pluies et le vent qui a baissé ont contribué à circonscrire• les feux. Après quatre jours de lutte, les pompiers ont pu se retirer, et deux ouvriers de l'ONF (Office National des Forêts) restent sur place pour surveiller les lieux.

Le bilan a failli être catastrophique. Sur une zone étendue de 60 hectares, 40 à 50 hectares ont brûlé. Et le feu s'est arrêté à 200 mètres à peine des nids des Tuits-Tuits, ces merles pays dont il ne reste que quelques spécimens à La Réunion. En fait, on a dénombré• 50 couples qui sont aujourd'hui sauvés de justesse.

Par contre, la flore• a été ravagée• par les flammes. Des plantes qui n'existent que sur notre île ont brûlé, comme ces bruyères de montagnes qui sont de parfaits combustibles• en cas d'incendie. Aujourd'hui, c'est un paysage calciné• qui s'offre aux yeux des rares visiteurs, mais les experts de l'ONF espèrent que la flore se reconstitue naturellement (si elle ne brûle pas d'ici là) sur 50 à 100 ans.

En fait, les dégâts ont pu être limités grâce à l'action des pompiers et des ouvriers de l'ONF qui se sont battus pendant ces quatre jours. Une mobilisation exceptionnelle a permis de

amers : tristes et déçus.

diligentée : faite rapidement et avec soin.

protéger le reste de la réserve naturelle. Mais ces combattants du feu sont amers• devant l'irresponsabilité de certains, car on craint que ce feu ne soit le fruit d'une imprudence ou, pire, d'un acte de malveillance. Une plainte a été déposée et une enquête de police a été diligentée•.

Les responsables de l'ONF comptent tirer les leçons de cet événement en menant avec les pompiers une réflexion approfondie sur la façon de faire face dans l'avenir aux incendies de forêts, et surtout sur les mesures de prévention à mettre en œuvre.

Faut-il encore rappeler les précautions à prendre ?... En règle générale, ne pas allumer de feu en pleine nature, et encore moins en forêt. Utiliser les espaces de pique-nique destinés à cet usage, et prendre soin d'éteindre les feux après usage.

Alain Witz, article paru dans *Témoignages* du jeudi 9 novembre 2006.

Comprendre pour écrire

Questions pour la classe
1. Où cet incendie s'est-il déclaré ?
2. Quand a-t-il été maîtrisé ?
3. À quoi sert une réserve naturelle ?
4. Pourquoi les combattants du feu sont-ils amers ?
5. Quelles sont les précautions à prendre en forêt ?

Écris seul(e)
6. Raconte en cinq phrases :
- quand l'incendie s'est déclaré ;
- pendant combien de jours les pompiers se sont battus ;
- ce qui a contribué à circonscrire les feux ;
- ce qui a été sauvé de justesse ;
- ce qui a été ravagé par les flammes.

Vocabulaire

7. Trouve les mots de ce texte qui se rapportent au feu.

Grammaire

L'incendie s'était déclaré.
8. Enrichis cette phrase en précisant quand et où l'incendie s'était déclaré.

Conjugaison

Les pompiers (*pouvoir*) se retirer.
9. Recopie la phrase et mets le verbe au présent.

30 Classer les animaux

Sculptures d'animaux
D'ici et d'ailleurs, d'hier et d'aujourd'hui

Moutons en bois, métal et laine, F.-X. Lalanne (1965), France.

Abeille en bronze doré (1804), France.

Poisson en bois (époque inconnue), Afrique.

Hippopotame en faïence (environ 2000 av. J.-C.), Égypte.

Pour représenter un animal, le sculpteur taille du bois ou de la pierre. Il peut aussi faire un modelage en argile ou réaliser des sculptures en bronze ou autres métaux.

Les sculpteurs modernes (ou contemporains) utilisent aussi toutes sortes de matériaux : fil de fer, matières plastiques, béton ou plâtre.

Homard en métal, fibre de verre et polyester, J. Mariscal (1988), Espagne.

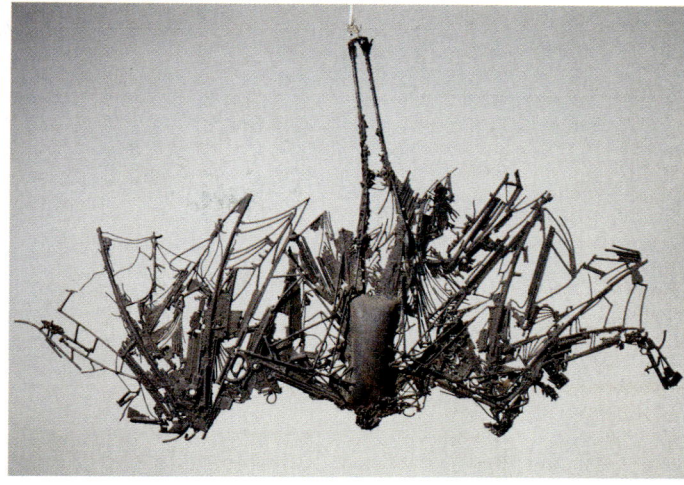

Chauve-souris en fer, César, (1954), France.

Tortue en pierre tendre (VIIe siècle), Chine.

Aigle en matière plastique (XXe siècle), Émirats Arabes Unis.

Éléphant en acier et polyester, Niki de Saint-Phalle et Jean Tinguely (1983), France.

Rhinocéros en polyester, X. Veilhan (1999), France.

Comprendre pour écrire

Questions pour la classe

1. Quels sont les animaux représentés ?
2. De quels pays viennent ces différentes statues ?
3. En quoi sont faites ces différentes sculptures ?
4. Quels sont les animaux qui volent ? Quels sont ceux qui vivent dans l'eau ?
5. Lesquels de ces animaux sont des invertébrés ? Lesquels sont des mammifères ?

Classer les animaux 109

Classer les animaux

Les animaux ont des ennuis

1 Le pauvre crocodile n'a pas de C cédille
on a mouillé les L de la pauvre grenouille
le poisson-scie
a des soucis
5 le poisson sole
ça le désole

Mais tous les oiseaux ont des ailes
même le vieil oiseau bleu
même la grenouille verte
10 elle a deux L avant l'E

Laissez les oiseaux à leur mère
laissez les ruisseaux dans leur lit•
laissez les étoiles de mer
sortir si ça leur plaît la nuit
15 laissez les p'tits enfants briser leur tirelire•
laissez passer le café si ça lui fait plaisir

le lit d'un ruisseau : c'est là où il coule.

une tirelire : un objet avec une fente où l'on met l'argent que l'on veut économiser.

    La vieille armoire normande
    et la vache bretonne
    sont parties dans la lande• en riant comme deux folles
20 les petits veaux abandonnés
    pleurent comme des veaux abandonnés

    Car les petits veaux n'ont pas d'ailes
    comme le vieil oiseau bleu
    ils ne possèdent à eux deux
25 que quelques pattes et deux queues

    Laissez les oiseaux à leur mère
    laissez les ruisseaux dans leur lit
    laissez les étoiles de mer
    sortir si ça leur plaît la nuit
30 laissez les éléphants ne pas apprendre à lire
    laissez les hirondelles aller et revenir.

Jacques Prévert, in Histoires et d'autres histoires, Gallimard, 1963.

la lande : un endroit plat où poussent des bruyères, des genêts et des ajoncs.

Comprendre pour écrire

Questions pour la classe
1. Comment prononcerait-on le mot «crocodile» s'il y avait un C cédille ?
2. Pourquoi doit-on laisser les oiseaux à leur mère ?
3. Pourquoi brise-t-on sa tirelire ?
4. Peut-on apprendre à lire aux éléphants ?
5. Quand les hirondelles partent-elles et quand reviennent-elles ?
6. Où les ruisseaux et les rivières coulent-ils ?
7. Trouvez un jeu de mots dans ce poème.

Yakari – Le Marais de la peur, Derib & Job, Le Lombard (Dargaud – Lombard SA), 2007.

Partager le plaisir de lire
Lire et débattre

Le petit violon (1)

un camelot : un marchand qui vend des objets dans la rue.

1 *La roulotte de Léo le camelot•.*
La roulotte est fermée. Le camelot est assis sur les marches, il est vieux, il a des cheveux tout blancs. Il se tient voûté et joue
5 *du violon sur un tout petit violon. Il s'arrête, regarde l'assistance et dit…*
Léo – Bonjour, je suis Léo le camelot, aujourd'hui je n'ai plus rien à vendre, je suis seul, vieux et triste.

enjoué : gai.

10 *Il joue cette fois un air plus enjoué•.*
Mais hier j'étais jeune.
Il ôte sa perruque blanche et se redresse.
Jeune, plein de forces, avec beaucoup de marchandises et très peu de clients.
15 *Il ouvre l'arrière de sa roulotte, son étalage apparaît débordant de marchandises. Bonimentant•*

bonimenter : parler beaucoup pour attirer les clients.

avec entrain : avec enthousiasme.

avec entrain•.
Tout pour la maison, tout pour le ménage, tout pour la femme, les enfants, tout pour la table, tout
20 pour l'école, tout pour le jeu, donnez-moi non pas cent, non pas cinquante, non pas quarante, non pas trente, non pas vingt, donnez-moi, tenez,

le franc : la monnaie utilisée en France avant l'euro.

dix francs•, dix francs tout ronds et vous emporterez cette pile d'assiettes et sa soupière,
25 ces cuillères et ces couteaux avec fourchette,

une écumoire : une grande cuillère plate avec des trous.

louche et écumoire•, ou alors ce magnifique ours en peluche qui joue du tambour et qui danse, et tout ça avec en prime, gratis, offert par la maison, le
30 secret du bonheur, oui, j'ai bien dit, à tout acheteur j'offre le secret du bonheur. Comment, mon garçon ? Le petit violon ? Ah non, non, désolé, le petit
35 violon n'est pas à vendre.

un lot : des objets vendus ensemble.

avoir le cœur gros : (expression) être triste.

LE GÉANT *(qui a posé la question)* – Alors donnez-moi juste le secret du bonheur.

LÉO – Tout de suite, mon brave, le secret du bonheur c'est comme si vous l'aviez, tenez, avec ce magnifique lot• d'assiettes plates et creuses, avec deux soupières, une série de bols et des saucières venant directement de Limoges, le tout pour dix francs.

LE GÉANT – Non non, juste le secret, je suis seul au monde, une seule assiette me suffit, d'ailleurs je n'ai pas d'appétit, je n'ai pas besoin de tant d'assiettes, je préfère acheter le petit violon plus cher, tenez, voilà vingt francs pour le petit violon.

LÉO – Impossible, je t'ai déjà dit, le petit violon n'est pas à vendre, c'est justement lui qui me console quand j'ai le cœur gros.

LE GÉANT – Tu as le cœur gros•, toi qui possèdes le secret du bonheur ?

LÉO – Tiens, voilà tes cinquante assiettes, et maintenant en prime je vais te dire le secret du bonheur, mais tout bas à l'oreille, il ne faut pas que les autres entendent.

Il essaie de lui parler à l'oreille.

Le géant, pile d'assiettes dans les bras, tend son oreille, Léo chuchote quelque chose.

LE GÉANT *(très loin de la bouche de Léo, demande)* – Quoi ?

LÉO *(hurle)* – IL NE FAUT PAS RESTER SEUL !

LE GÉANT – C'est ça le secret du bonheur ?

LÉO – Exactement. Et maintenant que tu as les assiettes, le secret, il ne te reste plus qu'à fonder une grande famille.

LE GÉANT – Hélas, je suis trop grand, je suis le plus grand géant du monde et le plus triste aussi.

LÉO – C'est parce que tu es seul.

Comprendre ensemble pour écrire

1. Que vend le camelot ?
2. Qu'offre le camelot à tout acheteur ?
3. Pourquoi ne veut-il pas vendre son violon ?
4. Que dit Léo quand le géant lui demande le secret du bonheur ?
5. Que diriez-vous si on vous demandait le secret du bonheur ?

Le petit violon (2)

1   LE GÉANT – Qu'est-ce que je vais faire de toutes ces assiettes ?
    LÉO *(lui montre comment jongler avec)* – Regarde.
5   *Il jongle.*
        Le géant essaie de faire pareil, les assiettes tombent et se cassent.
        Il se met à pleurer.
        Autour de lui on rit et on se disperse.
10 *Alors le bonimenteur joue un air gai sur son petit violon puis constate•:*
    Tu as fait fuir mes clients.
        Il joue encore, pousse un soupir et cesse de jouer.
15 LE GÉANT – Là, tu as le cœur gros.
    LÉO – Oui et non. Je m'ennuie.
    LE GÉANT – Pourquoi ?
    LÉO – Parce que moi aussi je suis seul au monde.
20 LE GÉANT – Tu n'as pas d'ami ?
    LÉO – Je change de ville tous les jours.
    LE GÉANT – Moi aussi. Je suis géant dans un cirque, le cirque Univers.
    LÉO – Je le connais, je le vois souvent sur les foires.
25 LE GÉANT – Et qu'est-ce qu'il te faudrait pour que tu ne sois plus seul ?
    LÉO – Un enfant.
    LE GÉANT – Un enfant ? Pourquoi ne pas t'en acheter un ?
    LÉO – Les enfants ne s'achètent pas, il faut les faire.
30 LE GÉANT – Pourquoi ne pas en faire un ?
    LÉO – Mon brave géant, apprends que pour faire un enfant il faut être deux.
    LE GÉANT – Deux ? On est deux.
    LÉO – Non, non, non, non, il faut un homme et une femme, un
35 monsieur, une dame, une maman, un papa.

constater : remarquer, observer.

Le Géant – Pourquoi ?

Léo – C'est comme ça.

Silence.

Le Géant – Écoute, comme tu m'as donné le secret du bonheur, moi aussi je veux t'aider. Viens ce soir au cirque Univers, il y a là-bas une petite fille bien malheureuse qui doit jouer sur un petit violon comme le tien, mais elle n'y arrive pas et monsieur Univers la bat à tour de bras•, il ne lui donne rien à manger parce qu'elle ne lui rapporte aucun argent. Demande-lui qu'il te la donne contre une soupière et des cuillères, comme ça tu ne seras plus seul, tu auras un enfant, et comme tu as l'air bon la petite fille ne sera plus malheureuse et moi non plus. Rien que de la voir si triste, je pleure.

Il repleure.

Léo – Ne pleure plus, géant au grand cœur, je serai ce soir au Cirque Univers.

Jean-Claude Grumberg, Le petit violon, Actes Sud, 1999.

à tour de bras : (expression) de toute sa force, avec violence.

Comprendre ensemble pour écrire

1. Que faudrait-il à Léo pour qu'il ne soit plus seul ?
2. Pourquoi Léo et le géant ne peuvent-ils pas faire un enfant ?
3. Que propose le géant pour que Léo ne soit plus seul ?
4. Pourquoi la petite fille est-elle triste ?
5. Pensez-vous que le géant est gentil ? Pourquoi ?

Les Fleurs de la Petite Ida (1)

« Mes pauvres fleurs sont toutes mortes, dit la petite Ida. Hier soir elles étaient encore si belles et maintenant toutes leurs feuilles pendent desséchées. D'où cela vient-il ? » demanda-t-elle à l'étudiant qui était assis sur le canapé et qu'elle aimait beaucoup.

Il savait raconter les histoires les plus jolies, et découper des images si amusantes, des cœurs avec de petites femmes qui dansaient, des fleurs et de grands châteaux dont on pouvait ouvrir la porte. Oh ! c'était un joyeux étudiant.

« Pourquoi mes fleurs ont-elles aujourd'hui une mine si triste ? demanda-t-elle une seconde fois en lui montrant un bouquet tout desséché.

— Je vais te dire ce qu'elles ont, dit l'étudiant. Tes fleurs ont été cette nuit au bal, et voilà pourquoi leurs têtes sont ainsi penchées.

— Cependant les fleurs ne savent pas danser, dit la petite Ida.

— Si vraiment, répondit l'étudiant. Lorsqu'il fait noir et que nous dormons nous autres, elles sautent et s'en donnent à cœur joie, presque toutes les nuits.

— Et les enfants ne peuvent-ils pas aller à leur bal ?

— Si, répondit l'étudiant ; les enfants du jardin, les petites marguerites et les petits muguets.

— Où dansent-elles, les belles fleurs ? demanda la petite Ida.

— N'es-tu jamais sortie de la ville, du côté du grand château où le roi fait sa résidence* l'été, et où il y a un jardin magnifique rempli de fleurs ? Tu as bien vu les cygnes qui nagent vers toi, quand tu leur donnes des miettes de pain ? Crois-moi, c'est là que se donnent les grands bals

— Mais je suis allée hier avec maman au jardin, répliqua la jeune fille ; il n'y avait plus de feuilles aux arbres, et pas une seule fleur. Où sont-elles donc ? J'en ai tant vu pendant l'été !

— Elles sont à l'intérieur du château, dit l'étudiant. Dès que le roi et les courtisans* retournent à la ville, les fleurs quit-

sa résidence : là où il habite.

les courtisans : les gens qui entourent le roi.

tent promptement le jardin, entrent dans le château et mènent joyeuse vie. [...]

— Mais, demanda la petite Ida, n'y a-t-il personne qui punisse les fleurs parce qu'elles dansent dans le château du roi ?

— Presque personne ne le sait, dit l'étudiant. Il est vrai que quelquefois, pendant la nuit, arrive le vieil intendant° qui doit faire sa ronde°. Il a un grand trousseau de clefs sur lui, et dès que les fleurs en entendent le cliquetis°, elles se tiennent toutes tranquilles, se cachant derrière les longs rideaux et ne montrant que la tête. « Je sens qu'il y a des fleurs ici », dit le vieil intendant ; mais il ne peut pas les voir.

— C'est superbe, dit la petite Ida en battant des mains. Est-ce que je ne pourrais pas voir les fleurs danser, moi aussi ?

— Peut-être, dit l'étudiant. Penses-y, lorsque tu retourneras dans le jardin du roi. Regarde par la fenêtre et tu les verras. Je l'ai fait aujourd'hui même ; il y avait un long lis jaune qui était étendu sur le canapé. C'était une dame de la cour°.

un intendant : une sorte de gardien.

il fait sa ronde : il fait le tour du château pour voir s'il n'y a rien d'anormal.

le cliquetis : le bruit d'objets en métal que l'on secoue.

la cour : l'ensemble des courtisans.

Comprendre ensemble pour écrire

1. Pourquoi Ida aime-t-elle beaucoup l'étudiant ?
2. Pourquoi pose-t-elle toutes ces questions sur les fleurs ?
3. Pourquoi les fleurs sont-elles fatiguées ?
4. Où les fleurs dansent-elles ?
5. Peut-on voir les fleurs au château du roi ?

Les Fleurs de la Petite Ida (2)

un professeur de botanique : il t'apprend à connaître les plantes.

la pantomime : un spectacle muet, comme le mime.

intelligible : qui peut être compris.

— Je veux te dire quelque chose qui fera ouvrir de grands yeux au professeur de botanique° notre voisin. Lorsque tu iras dans le jardin, annonce à une fleur qu'il y a grand bal au château : celle-ci le répétera à toutes les autres, et elles s'envoleront. Vois-tu les yeux que fera le professeur, lorsqu'il ira visiter son jardin et qu'il n'y verra plus une seule fleur, sans pouvoir comprendre ce qu'elles sont devenues ?

— Mais comment une fleur pourra-t-elle le dire aux autres ? Les fleurs ne savent pas parler.

— C'est vrai, répondit l'étudiant ; mais elles sont très fortes en pantomime°. N'as-tu pas souvent vu les fleurs, lorsqu'il fait un peu de vent, s'incliner et se faire des signes de tête ? N'as-tu pas remarqué que toutes les feuilles vertes s'agitent ? Ces mouvements sont aussi intelligibles° pour elles que les paroles pour nous.

— Mais le professeur, est-ce qu'il comprend leur langage ? demanda Ida.

— Oui, assurément. Un jour qu'il était dans son jardin, il aperçut une grande ortie qui avec ses feuilles faisait des signes à un très bel œillet rouge. Elle disait : « Que tu es beau ! Comme je t'aime ! » Mais le professeur se fâcha, et il frappa les feuilles qui servent de doigts à l'ortie. Il s'y piqua, et, depuis ce temps, comme il se souvient combien il lui en a cuit la première fois, il n'ose plus toucher à une ortie.

40 — C'est drôle, dit la petite Ida, et elle se mit à rire. [...]

Les fleurs avaient les têtes penchées, parce qu'elles étaient fatiguées d'avoir dansé toute la nuit. Elles étaient sans doute malades. Alors elle les emporta près de ses autres joujoux, qui se trouvaient sur une jolie petite table dont le tiroir était rempli de belles choses. Elle trouva sa poupée Sophie couchée et endormie ; mais la petite lui dit : « Il faut te lever, Sophie, et te contenter pour cette nuit du tiroir. Les pauvres fleurs sont malades et ont besoin de prendre ta place. Ça les guérira peut-être. »

contrarié : mécontent.

Et elle enleva la poupée. Celle-ci eut l'air tout contrarié•, et ne dit pas un seul mot, tant elle était fâchée de ne pas pouvoir rester dans son lit !

Ida posa les fleurs dans le lit de Sophie, les couvrit bien avec la petite couverture et leur dit de se tenir gentiment tranquilles ; elle allait leur faire du thé pour qu'elles puissent redevenir joyeuses et se lever le lendemain matin. Puis elle ferma les rideaux autour du petit lit, afin que le soleil ne tombât pas sur leurs yeux.

Comprendre ensemble pour écrire

1. Que doit raconter Ida à une des fleurs ?
2. Comment les fleurs s'expriment-elles dans ce conte ?
3. Quels sont les êtres qui peuvent parler ?
4. Pourquoi le professeur n'ose-t-il plus toucher à l'ortie ?
5. Pourquoi Ida réveille-t-elle sa poupée ?
6. Que fait Ida pour guérir les fleurs ?

Partager le plaisir de lire – Lire et débattre

Les Fleurs de la Petite Ida (3)

Pendant toute la soirée, elle ne put s'empêcher de songer à ce que lui avait raconté l'étudiant, et, au moment de se coucher, elle se dirigea d'abord vers les rideaux des fenêtres, où se trouvaient les magnifiques fleurs de sa mère, jacinthes et tulipes, et leur dit tout bas : « Je sais que vous irez au bal cette nuit. »

Les fleurs firent comme si elles ne comprenaient rien et ne remuèrent pas une feuille ; ce qui n'empêcha pas Ida de savoir ce qu'elle savait

Quand elle fut couchée, elle pensa longtemps au plaisir que ce devait être de voir danser les fleurs dans le château du roi. « Mes fleurs y sont-elles allées ? » Et elle s'endormit. Elle se réveilla dans la nuit : elle avait rêvé des fleurs, de l'étudiant et du conseiller qui l'avait grondée. Tout était silencieux dans la chambre où Ida reposait. La veilleuse° brûlait sur la table, et le père et la mère dormaient.

« Je voudrais bien savoir si mes fleurs sont encore dans le lit de Sophie ! Oui, je voudrais le savoir. »

Elle se leva à moitié et jeta les yeux sur la porte entrebâillée°. Elle écouta, et il lui sembla qu'elle entendait jouer du piano dans le salon, mais si doucement et si délicatement qu'elle n'avait jamais entendu rien de pareil.

« Ce sont sans doute les fleurs qui dansent. Ah ! mon Dieu ! que je voudrais les voir ! »

Mais elle n'osa pas se lever tout à fait, de peur de réveiller son père et sa mère.

une veilleuse : une petite lampe.

la porte entrebâillée : la porte très peu ouverte.

« Oh ! Si elles voulaient entrer ici ! » pensa-t-elle.

Mais les fleurs ne vinrent pas, et la musique continua de jouer bien doucement. À la fin, elle ne put y tenir ; c'était trop joli. Elle quitta son petit lit et alla sur la pointe du pied à la porte pour regarder dans le salon. Oh ! que c'était superbe, ce qu'elle vit !

Il n'y avait point de veilleuse, il est vrai ; mais pourtant il y faisait bien clair. Les rayons de la lune tombaient par la fenêtre sur le plancher ; on y voyait presque comme en plein jour. Toutes les jacinthes et les tulipes étaient debout sur deux longues rangées ; pas une ne restait à la fenêtre ; tous les pots étaient vides. Sur le plancher, toutes les fleurs dansaient joliment les unes au milieu des autres, faisaient toute espèce de figures*, et se tenaient par leurs longues feuilles vertes pour faire la grande ronde. Au piano était assis un grand lis jaune, avec qui la petite Ida avait fait connaissance dans l'été ; car elle se rappelait fort bien que l'étudiant avait dit : « Regarde comme ce lis ressemble à Mlle Caroline. » Tout le monde s'était moqué de lui, et cependant la petite Ida crut alors reconnaître que la grande fleur jaune ressemblait d'une manière étonnante à cette demoiselle. Elle avait en jouant du piano absolument les mêmes manières.

toute espèce de figures : toutes sortes de mouvements et de gestes.

Comprendre ensemble pour écrire

1. Pourquoi Ida va-t-elle observer les tulipes et les jacinthes ?
2. À quoi pense-t-elle dans son lit ?
3. Pourquoi se réveille-t-elle au milieu de la nuit ?
4. Que voit Ida dans l'autre pièce ?
5. À qui ressemble le lis jaune ?
6. Est-ce que cela vous arrive de vous réveiller la nuit comme Ida ? Pourquoi ?

Partager le plaisir de lire – Lire et débattre

Les Fleurs de la Petite Ida (4)

Elle aperçut ensuite un grand crocus bleu qui sautait au milieu de la table où étaient ses joujoux et qui alla ouvrir le rideau du lit de la poupée. C'est là qu'étaient couchées les fleurs malades ; elles se levèrent aussitôt et dirent aux autres par un signe de tête qu'elles avaient aussi envie de danser. […]

Au même instant, la porte du grand salon s'ouvrit, et une foule pressée de fleurs magnifiques entra en dansant. Ida ne pouvait comprendre d'où elles venaient. Sans doute, c'étaient toutes les fleurs du jardin du roi ! À leur tête marchaient deux roses éblouissantes qui portaient de petites couronnes d'or : c'étaient le roi et la reine. Ensuite vinrent les plus charmantes giroflées, les plus beaux œillets, qui saluaient de tous côtés. Ils étaient accompagnés d'une troupe de musique ; de grands pavots et des pivoines soufflaient si fort dans des cosses de pois qu'ils en avaient la figure toute rouge ; les jacinthes bleues et les petites perce-neiges sonnaient comme si elles portaient de véritables sonnettes. C'était une musique bien remarquable ; toutes les autres fleurs se joignirent à la bande nouvelle, et on vit danser violettes et amarantes, pâquerettes et marguerites Elles s'embrassèrent toutes les unes les autres. C'était un spectacle délicieux.

la cosse de pois : l'enveloppe allongée qui contient les pois.

Ensuite, les fleurs se souhaitèrent une bonne nuit, et la petite Ida se glissa dans son lit, où elle rêva à tout ce qu'elle avait vu. Le lendemain, dès qu'elle fut levée, elle courut à la petite table pour voir si les fleurs y étaient toujours. Elle ouvrit les rideaux du petit lit ; elles s'y trouvaient toutes, mais encore bien plus desséchées que la veille. Sophie était couchée dans le tiroir où elle l'avait placée, et avait l'air d'avoir grand sommeil.

« Te rappelles-tu ce que tu as à me dire ? » lui dit la petite Ida. Mais Sophie avait une mine tout étonnée, et ne répondit pas un mot.

« Tu n'es pas bonne, dit Ida ; pourtant, elles ont toutes dansé avec toi. »

Elle prit ensuite une petite boîte de papier qui contenait des dessins de beaux oiseaux, et elle y mit les fleurs mortes.

« Voilà votre joli petit cercueil, dit-elle. Et plus tard, lorsque mes petits cousins viendront me voir, ils m'aideront à vous enterrer dans le jardin, pour que vous ressuscitiez dans l'été et que vous reveniez plus belles. »

Hans-Christian Andersen, *Les Fleurs de la petite Ida*, traduction David Soldi.

Comprendre ensemble pour écrire

1. Que font les fleurs malades quand le crocus tire les rideaux ?
2. Décrivez ce qu'Ida voit quand la porte s'ouvre.
3. Comment les fleurs sont-elles posées dans le lit ?
4. Pourquoi Ida met-elle les fleurs mortes dans une boîte ?
5. Que feront les fleurs l'été prochain ?
6. Au début de l'histoire, Ida demande à l'étudiant pourquoi les feuilles des fleurs pendent.
7. Pensez-vous qu'à la fin de l'histoire Ida a compris ce qui arrive à toutes les fleurs ?

Scoubidou, la poupée qui sait tout (1)

Il était une fois un petit garçon qui s'appelait Bachir. Il avait une poupée en caoutchouc qui s'appelait Scoubidou, et un papa qui s'appelait Saïd.

Saïd était un bon papa, comme nous en connaissons tous, mais Scoubidou, elle, n'était pas une poupée comme les autres : elle avait des pouvoirs magiques. Elle marchait, elle parlait, comme une personne. De plus elle pouvait voir le passé, l'avenir, et deviner les choses cachées. Il suffisait, pour cela, qu'on lui bande les yeux.

Souvent, elle jouait aux dominos avec Bachir. Quand elle avait les yeux ouverts, elle perdait toujours, car Bachir jouait mieux qu'elle. Mais quand il lui bandait les yeux, c'était elle qui gagnait.

Un beau matin, Bachir dit à son père :

— Papa, je voudrais un vélo.

— Je n'ai pas assez d'argent, dit Papa Saïd. Et puis, si je t'achète un vélo maintenant, l'année prochaine, tu auras grandi, et il sera trop petit. Plus tard, dans un an ou deux, nous en reparlerons.

Bachir n'insista pas, mais le soir même il demandait à Scoubidou :

— Dis-moi, toi qui vois tout : quand est-ce que j'aurai un vélo ?

— Bande-moi les yeux, dit Scoubidou, et je vais te le dire.

Bachir prit un chiffon et lui banda les yeux. Scoubidou déclara aussitôt :

— Je vois un vélo, oui… Mais ce n'est pas pour tout de suite… C'est dans un an ou deux…

— Pas avant ?

— Pas avant !

avec emportement : avec colère.

— Mais moi, je le veux tout de suite ! cria Bachir avec emportement•. Voyons : tu as des pouvoirs magiques, n'est-ce pas ?
— J'en ai, dit Scoubidou.
— Alors, oblige papa à m'acheter un vélo !
— Je veux bien essayer, mais ça ne marchera pas.
— Tant pis ! Essaie quand même !
— C'est bon : laisse-moi les yeux bandés toute la nuit, je vais essayer.

Et cette nuit-là, pendant que tous dormaient, papa, maman, Bachir et ses grandes sœurs, Scoubidou, dans son coin, se mit à chanter à mi-voix• :

à mi-voix : avec une faible voix.

> Papa veut un vélo
> Un tout petit vélo
> Comme un poil de chameau
> Avec deux roues
> Poil de hibou
> Avec une selle
> Poil d'hirondelle
> Avec des freins
> Poil de lapin
> Avec un phare
> Poil de homard
> Et une sonnette
> Poil de crevette
> C'est pour Bachir
> Poil de tapir !

Pendant toute la nuit, elle chanta cette chanson magique. Au petit jour, elle s'arrêta, car la magie était finie.

Comprendre ensemble pour écrire

1. Qui est Scoubidou ?
2. Pourquoi Scoubidou n'est-elle pas une poupée comme les autres ?
3. Pourquoi Bachir a-t-il besoin des pouvoirs magiques de Scoubidou pour avoir son vélo ?
4. Peut-on avoir tout ce qu'on veut tout de suite ?
5. Que fait Scoubidou pendant que tout le monde dort ?
6. Pourquoi Scoubidou chante-t-elle à mi-voix ?
7. Pourquoi Scoubidou s'arrête-t-elle de chanter ?

Scoubidou, la poupée qui sait tout (2)

1 Ce matin-là, Papa Saïd s'en fut faire des courses rue Mouffetard. Pour commencer, il entra chez la boulangère :
– Bonjour, Madame.
– Bonjour, Papa Saïd. Qu'est-ce que vous voulez ?
5 – Je voudrais un vélo, dit Papa Saïd.
– Qu'est-ce que vous dites ?
– Voyons, qu'est-ce que je dis ? Je veux dire : un pain de deux livres.

deux livres : deux fois 500 grammes (1 kilogramme).

Ensuite, Papa Saïd passa chez le boucher.
10 – Bonjour, Papa Saïd. Qu'est-ce que ce sera, pour aujourd'hui ?
– Un bon vélo d'une livre et demie, dit Papa Saïd.
– Ah, je regrette, dit le boucher. Je vends du bœuf, du mouton et du veau, mais je ne vends pas de vélo.
15 – Mais qu'est-ce que je raconte ? Bien sûr ! Je voulais dire : un bon rôti de bœuf !
Papa Saïd prit le rôti, paya, et fut ensuite chez la fruitière.
– Bonjour, Papa Saïd. Vous désirez ?
– Un kilo de vélos bien mûrs, dit Papa Saïd.
20 – Un kilo de quoi ? demanda la fruitière.

une livre et demie : 750 g.

— Mais qu'est-ce que j'ai donc, aujourd'hui ? Un kilo de raisin blanc, s'il vous plaît !

Toute la journée, ce fut ainsi. Chaque fois que Papa Saïd entrait dans une boutique, il commençait par demander du vélo. Comme ça, sans le vouloir, c'était plus fort que lui. C'est ainsi qu'il demanda encore une boîte de vélos blancs chez l'épicier, une bonne tranche de vélo chez la crémière, et une bouteille de vélo de Javel chez le marchand de couleurs. À la fin, très inquiet, il entra chez son médecin.

— Eh bien, Papa Saïd, qu'est-ce qui ne va pas ?

— Eh bien voilà, dit Papa Saïd. Depuis ce matin, je ne sais pas ce qui m'arrive, mais chaque fois que j'entre chez un commerçant, je commence par lui demander un vélo. C'est malgré moi, je vous assure, je ne le fais pas exprès du tout ! Qu'est-ce que c'est que cette maladie ? Je suis très ennuyé, moi... Vous ne pourriez pas me donner un petit vélo... Ça y est ! Ça recommence ! Je veux dire un petit remède pour que ça cesse• ?

que ça cesse : que ça s'arrête.

Comprendre ensemble pour écrire

1. Que demande Papa Saïd à la boulangère, puis au boucher ?
2. Que demande-t-il d'abord en entrant dans une boutique ?
3. Fait-il exprès de demander du vélo ?
4. Pourquoi Papa Saïd est-il inquiet ?
5. Qui va-t-il voir ?
6. Trouvez tout ce qui vous fait rire dans ce texte.

Partager le plaisir de lire – Lire et débattre

Scoubidou, la poupée qui sait tout (3)

— Hahem, dit le docteur. Très curieux, très curieux vraiment… Dites-moi donc, Papa Saïd, vous n'auriez pas un petit garçon, par hasard ?

— Oui, docteur.

— Et ce petit garçon a envie d'un vélo…

— Comment le savez-vous ?

— Héhé ! C'est mon métier ! Et ce petit garçon n'aurait pas une poupée, par hasard ? Une poupée en caoutchouc qui s'appelle Scoubidou ?

— C'est vrai, docteur !

— Je m'en doutais ! Eh bien, méfiez-vous de cette poupée, Papa Saïd ! Si elle reste chez vous, elle vous obligera à acheter un vélo, que ça vous plaise ou non ! C'est trois mille francs !

— Oh non ! C'est bien plus cher que ça !

— Je ne vous parle pas du vélo, je vous parle de la consultation. Vous me devez trois mille francs.

— Ah, bon !

Papa Saïd paya le médecin, rentra chez lui, et dit au petit Bachir :

— Tu vas me faire le plaisir de chasser ta poupée, parce que moi, si je la trouve, je la jette au feu !

Aussitôt que Bachir et Scoubidou furent seuls :

— Tu vois, dit Scoubidou, je te l'avais bien dit, que ça ne devait pas marcher… Mais ne te désole pas. Je vais partir, et dans un an je reviendrai. À mon retour tu auras ton vélo. Cependant, avant de partir, j'ai besoin de quelque chose…

— De quoi ? demanda Bachir.

— Eh bien, quand je serai seule, tu ne seras plus là pour me bander les yeux… Alors je voudrais que tu me fasses une paire de lunettes avec des verres en bois.

— Mais je ne sais pas faire ça !

— Demande à ton papa.

Papa Saïd, qui était trop content de voir la poupée s'en aller, accepta de lui faire une paire de lunettes avec des verres en bois. Il découpa les verres avec une petite scie dans une plaque de contreplaqué, fit une monture en fil de fer et dit à Scoubidou :

— Essaye voir.

Scoubidou essaya les lunettes. Elles lui allèrent du premier coup.

— Très bien, patron, je vous remercie.

— Alors, maintenant, file ! dit Papa Saïd.

— C'est entendu. Au revoir, patron. Au revoir, Bachir.

Et Scoubidou s'en fut.

elle s'en fut : elle partit.

Comprendre ensemble pour écrire

1. De qui Papa Saïd doit-il se méfier ?
2. Pourquoi doit-il se méfier ?
3. Que veut faire Papa Saïd de la poupée Scoubidou ?
4. Que va faire Scoubidou ?
5. Bachir aura-t-il son vélo tout de suite ?
6. Pourquoi Scoubidou veut-elle une paire de lunettes avec des verres en bois ?
7. Pourquoi Papa Saïd accepte-t-il de fabriquer les lunettes ?

Scoubidou, la poupée qui sait tout (4)

le quai : dans un port, c'est le trottoir le long de la mer où s'amarrent les bateaux.

Elle voyagea longtemps, longtemps, marchant la nuit et se cachant le jour, afin de ne pas attirer l'attention. Au bout de trois semaines, elle arriva dans un grand port, sur les côtes de la Manche. Il faisait nuit. Un grand bateau était à quai*, qui devait partir le lendemain au petit jour pour faire le tour du monde.

Scoubidou, ayant mis ses lunettes, se dit :

— Ce bateau me convient.

Elle remit ses lunettes dans sa poche, puis elle se posta au pied de la passerelle, et attendit.

Sur le coup de trois heures du matin, un marin, qui marchait en zigzag, s'approcha de la passerelle, et allait s'y engager quand il entendit, à ras de terre, une petite voix qui lui criait :

— Monsieur le marin ! Monsieur le marin !

— Qui est là ? demanda le marin.

— Moi, Scoubidou ! Je suis devant vos pieds. Attention, vous allez m'écraser ! Le marin se baissa :

— Tiens ! Comme c'est drôle ! Une poupée qui cause ! Et qu'est-ce que tu veux ?

— Je veux que vous m'emmeniez dans le bateau avec vous !

— Et qu'est-ce que tu sais faire ?

— Je sais voir l'avenir, et prédire le temps qu'il fera.

— Vraiment ! Eh bien, dis-moi quel temps il fera demain matin !

— Une seconde, s'il vous plaît.

Scoubidou tira ses lunettes, les mit, puis elle dit sans hésiter :

— Demain matin, il fera mauvais temps. Si mauvais temps que vous ne pourrez pas sortir du port.

Le marin éclata de rire :

— Ha! Ha! Tu n'y connais rien! Il fera très beau temps, au contraire, et nous partirons à l'aube!

— Et moi je dis que vous ne pourrez pas partir!

— Eh bien, parions, veux-tu? Si nous partons, je te laisse ici. Et si le mauvais temps nous en empêche, je t'emmène. D'accord?

— D'accord.

Et en effet, le lendemain, à peine le soleil se montrait-il qu'un gros nuage apparut au nord-ouest et se mit à gagner si vite, si vite qu'en cinq minutes le ciel devint tout noir. Et la tempête se leva, si forte et si violente que le bateau dut rester au port.

Comprendre ensemble pour écrire

1. Pourquoi Scoubidou se cache-t-elle le jour?
2. Combien de temps Scoubidou met-elle pour arriver au port?
3. Que demande Scoubidou au marin?
4. Pourquoi est-ce important pour un marin de connaître le temps qu'il fera?
5. Peut-on connaître le temps qu'il fera?
6. Peut-on connaître l'avenir?
7. Quel temps Scoubidou annonce-t-elle pour le lendemain?
8. Quel temps fait-il le lendemain?
9. Le bateau peut-il partir?

Scoubidou, la poupée qui sait tout (5)

prédit : dit à l'avance.

1 — Je n'y comprends rien, dit le capitaine. La météo avait pourtant annoncé du beau temps !
— Eh bien moi, dit le marin, je connais une poupée qui me l'avait prédit.
5 — Une poupée ? Tu n'as pas un peu bu, non ?
— J'ai beaucoup bu, dit le marin, mais ça n'empêche pas. C'est une petite poupée en caoutchouc, qui s'appelle Scoubidou.
— Et où est-elle, cette Scoubidou ?
— Là, sur le quai, je la vois d'ici.
10 — Fais-la venir.
Le marin se pencha sur la lisse et cria :
— Eh, Scoubidou ! Monte, veux-tu ? Le capitaine veut te parler !
Scoubidou une fois montée, le capitaine lui demanda :
15 — Qu'est-ce que tu sais faire au juste ?
Et Scoubidou lui répondit :
— Je sais dire le passé, l'avenir, et les choses cachées. […]
— Je te prends avec moi ! N'en dis pas davantage !
— Et combien me donnerez-vous ? demanda Scoubidou.
20 — Ma foi, combien veux-tu ?
— Je veux cinq nouveaux francs par jour, pour acheter un vélo à Bachir.

une lisse : une sorte de barrière pour qu'on ne tombe pas dans l'eau.

c'est convenu : c'est d'accord.

s'embarqua : monta à bord du bateau.

— C'est convenu. Tu seras payée au retour. Et c'est ainsi que Scoubidou s'embarqua pour le tour du monde. Le capitaine la pendit à la cloison, dans sa cabine, avec un ruban rose, et chaque matin il lui demandait :

— Quel temps fera-t-il aujourd'hui ?

Et grâce à ses lunettes, Scoubidou répondait sans jamais se tromper.

Le grand bateau fit le tour de l'Espagne, passa par l'Italie, par l'Égypte, par les Indes, par le Siam, traversa l'océan Pacifique, passa par le canal de Panama, dans l'Atlantique, et mit le cap sur l'Europe.

mit le cap : se dirigea.

s'introduisit : entra.

Il n'était plus très loin de la France lorsqu'un beau jour le cuisinier du bord s'introduisit dans la cabine du capitaine. Scoubidou lui demanda :

— Que viens-tu faire ici ?

— Devine, dit le cuisinier.

Scoubidou sortit ses lunettes, les mit, et se mit à crier :

— Tu viens me voler mes lunettes !

— Tout juste, dit le cuisinier.

Et, avant que Scoubidou ait pu faire un geste, il les lui arracha, sortit de la cabine et les jeta dans la mer.

Comprendre ensemble pour écrire

1. Pourquoi le capitaine est-il surpris par l'arrivée de la tempête ?
2. Pourquoi le capitaine veut-il parler à Scoubidou ?
3. Pourquoi Scoubidou veut-elle être payée pour son travail ?
4. Qu'est-ce qu'un « tour du monde » ?
5. Que demande chaque matin le capitaine à Scoubidou ?
6. Observez un globe terrestre : quels pays ou quelles mers Scoubidou va-t-elle peut-être traverser ?
7. Que vient faire le cuisinier dans la cabine du capitaine ?

Scoubidou, la poupée qui sait tout (6)

Quelques instants plus tard, comme par un fait exprès, le capitaine rentrait dans la cabine.

– Dis-moi donc, Scoubidou, quel temps fera-t-il demain matin ?

– Je ne peux pas vous le dire, répondit la poupée, le cuisinier m'a volé mes lunettes.

Le capitaine haussa les sourcils :

– Lunettes ou pas lunettes, tu m'as promis de me prédire le temps qu'il ferait. Qu'est-ce que tu crois ? Que je vais te payer à ne rien faire ?

Le capitaine faisait semblant d'être fâché, mais en réalité c'était lui qui avait envoyé le cuisinier pour voler les lunettes, parce qu'il ne voulait pas payer son dû• à Scoubidou.

– Débrouille-toi comme tu voudras, dit-il, mais si tu ne me dis pas le temps qu'il fera demain matin, moi, je te jette à l'eau !

– Eh bien… mettons qu'il fera beau ! dit Scoubidou, au hasard.

Hélas ! Le lendemain, dès l'aube, un gros nuage noir surgit à l'horizon• et s'étendit• à toute vitesse, comme s'il voulait dévorer le ciel. En même temps, la tempête se levait, le bateau se mettait à danser. Le capitaine entra, ou fit semblant d'entrer, dans une grande colère :

– Tu m'as trompé ! dit-il à Scoubidou. Et, sans vouloir entendre ses protestations, il la jeta par-dessus bord•.

Scoubidou, étourdie, vit la mer et le ciel tournoyer, puis elle tomba dans l'eau. Presque aussitôt, une grande bouche pleine de dents pointues s'ouvrit devant elle, et elle fut avalée par un requin qui suivait le bateau depuis plusieurs jours.

Comme le requin était très vorace•, il l'avait avalée sans mâcher, de sorte que Scoubidou se retrouva dans son ventre, pas très à l'aise, mais sans le moindre mal.

---

son dû : ce qu'il lui doit.

l'horizon : l'endroit où le ciel semble rejoindre la terre ou la mer (le soleil, se couche à l'horizon).

le nuage s'étendit : le nuage grossit.

la jeta par-dessus bord : la jeta à la mer.

vorace : il mange beaucoup et vite.

en monologuant : en parlant toute seule.

dans l'obscurité : dans le noir.

Elle essaya de se repérer à tâtons, tout en monologuant• :
– Qu'est-ce que je vais devenir, ici ? Et mon pauvre Bachir qui attend son vélo !
En parlant ainsi, voilà que, dans l'obscurité•, ses mains tombèrent sur quelque chose qui ressemblait à un petit vélo : il y avait deux plaques rondes, en bois, reliées ensemble par une armature en fil de fer.
– Mais ma parole… ce sont mes lunettes ! C'étaient bien les lunettes, en effet, que le requin avait avalées la veille. Scoubidou les reprit, les remit, et aussitôt elle vit clair comme le jour dans le ventre du poisson. Elle s'écria joyeusement :
– Il y a ici un trésor !
Et, sans la moindre hésitation, elle se tourna vers une grosse huître qui bâillait•, dans un pli de l'estomac du requin.

qui bâillait : qui était ouverte.

– Bonjour, huître !
– Bonjour, poupée !
– Je crois que tu as une grosse perle ?
– Hélas, tu as bien raison ! répondit l'huître en soupirant. Une grosse, grosse perle, et qui me gêne terriblement ! Si je pouvais trouver quelqu'un qui me débarrasse de cette saleté !
– Veux-tu que je te l'enlève ?

un fier service : un grand service.

– Alors, là, si tu le fais, tu me rendras un fier service• !
– Ouvre-toi toute grande, seulement, tu vas voir !

Comprendre ensemble pour écrire

1. Qui a envoyé le cuisinier voler les lunettes de Soubidou ?
2. Pourquoi le capitaine fait-il voler les lunettes de Scoubidou ?
3. Le capitaine est-il honnête ?
4. Quel temps fait-il le lendemain ?
5. Que retrouve Scoubidou dans le ventre du requin ?
6. Que se passe-t-il lorsqu'elle remet ses lunettes ?
7. Pourquoi l'huître veut-elle qu'on la débarrasse de la perle ?

Scoubidou, la poupée qui sait tout (7)

L'huître s'ouvrit, aussi grande qu'elle put. Scoubidou y plongea les deux mains et arracha la perle.

— Aïe ! dit l'huître.

— Ce n'est rien, c'est fini.

Et Scoubidou sortit la perle. C'était une grosse, une magnifique perle. En la vendant, il y avait de quoi acheter cinq ou six vélos !

Scoubidou la mit dans sa poche et dit à l'huître, poliment :

— Merci.

— Mais c'est moi qui te remercie ! Si je peux quelque chose pour toi…

— Tu peux peut-être me donner un conseil, dit Scoubidou.

— Lequel ?

— Que faut-il faire pour rentrer chez moi ?

— C'est très simple, dit l'huître. Puisque tu as deux jambes, tu n'as qu'à te balancer d'un pied sur l'autre. Ça rendra le poisson malade, et il fera tout ce que tu voudras.

— Merci, bonne huître !

Et Scoubidou se balança d'un pied sur l'autre. Au bout d'une minute, le requin ne se sentit pas bien. Au bout de deux minutes, il eut le hoquet. Au bout de trois minutes, il eut le mal de mer. Au bout de cinq minutes, il se mit à crier :

— Alors quoi, c'est fini, là-dedans ? Vous ne pouvez pas vous laisser digérer tranquillement ?

— Conduis-moi à Paris ! lui cria Scoubidou.

— À Paris ? Et puis quoi, encore ? Je ne reçois pas d'ordres de ma nourriture !

— Alors, je continue !

— Non, non ! Arrête ! Où est-ce, Paris ?

— C'est en remontant la Seine.

– Hein ? Quoi ? Remonter la Seine ? Mais je serais déshonoré ! Je suis un poisson de mer, moi ! Dans ma famille, on ne connaît que l'eau salée !

– Alors, je continue !

– Non, non ! Pitié ! J'irai où tu voudras ! Mais reste un peu tranquille !

Et le poisson se mit en route. Il nagea jusqu'au Havre, puis remonta la Seine, traversa Rouen et continua jusqu'à Paris. Une fois là, il s'arrêta devant un escalier de pierre, puis il ouvrit la bouche et cria de toutes ses forces :

– Terminus, tout le monde descend ! Allez, file, et que je ne te revoie plus !

Scoubidou descendit, puis monta sur le quai. Il était environ trois heures du matin. Pas un passant, pas une étoile. Profitant de la nuit et grâce à ses lunettes, la poupée eut vite fait de retrouver la rue Broca. Le lendemain matin, elle frappa chez Papa Saïd et lui donna la perle. Papa Saïd la remercia, porta la perle au bijoutier et put acheter un vélo pour Bachir.

Quant au bateau sur lequel Scoubidou avait embarqué, personne ne l'a revu depuis. Je crois bien qu'il a fait naufrage.

Pierre Gripari, *Contes de la rue Broca*, Éditions de la Table Ronde, 1967.

il a fait naufrage : il a coulé, il a disparu au fond de la mer.

Comprendre ensemble pour écrire

1. Pourquoi Scoubidou remercie-t-elle l'huître ?
2. Combien de vélos pourrait-on acheter avec cette perle ?
3. Que doit faire Scoubidou pour rendre le requin malade ?
4. Pourquoi le requin ne veut-il pas remonter la Seine ?
5. Pourquoi le requin obéit-il quand même à Scoubidou ?
6. Jusqu'où remonte-t-il la Seine ?
7. Comment la poupée fait-elle pour retrouver la rue Broca ?
8. Comment Papa Saïd peut-il finalement acheter un vélo à Bachir ?

Le Corbeau et le Renard

alléché : attiré.

le ramage : le chant de l'oiseau.

le phénix : le plus extraordinaire.

les hôtes : les habitants.

sa proie : ici, son fromage.

s'en saisit : le prend.

un flatteur : quelqu'un qui fait des compliments exagérés.

aux dépens de quelqu'un : aux frais de quelqu'un.

confus : troublé.

1   Maître Corbeau, sur un arbre perché,
       Tenait en son bec un fromage.
    Maître Renard, par l'odeur alléché,
       Lui tint à peu près ce langage :
5   « Hé ! Bonjour, monsieur du Corbeau.
    Que vous êtes joli ! Que vous me semblez beau !
       Sans mentir, si votre ramage
       Se rapporte à votre plumage,
    Vous êtes le phénix des hôtes de ces bois. »
10 À ces mots le Corbeau ne se sent pas de joie ;
       Et pour montrer sa belle voix,
    Il ouvre un large bec, laisse tomber sa proie.
    Le Renard s'en saisit, et dit : « Mon bon monsieur,
       Apprenez que tout flatteur
15   Vit aux dépens de celui qui l'écoute :
    Cette leçon vaut bien un fromage, sans doute. »
       Le Corbeau, honteux et confus,
    Jura, mais un peu tard, qu'on ne l'y prendrait plus.

Jean de La Fontaine, *Fables*, Livre premier, Fable II.

Comprendre ensemble pour écrire

1. Pourquoi le renard fait-il tous ces compliments au corbeau ?
2. Ces compliments font-ils plaisir au corbeau ?
3. Pourquoi le corbeau ouvre-t-il le bec ?
4. Pourquoi le corbeau est-il honteux ?
5. Que jure-t-il trop tard ?
6. Imaginez les compliments exagérés que vous pourriez faire à un autre enfant.
7. Pourquoi a-t-on souvent envie de croire les flatteurs ?

Partager le plaisir de lire – Lire et débattre 141

Le roitelet (1)

un seul s'y opposa : un seul ne fut pas d'accord.

un vanneau : un oiseau migrateur à longues pattes rouges et huppe noire.

en voletant farouchement : en volant violemment dans tous les sens.

un marais solitaire : un endroit isolé avec de l'eau.

parmi ses semblables : parmi les autres oiseaux.

tinrent conseil : se réunirent pour discuter.

sa cousine germaine : la huppe ressemble au coucou, comme une cousine à son cousin germain.

se mêla à la foule : rejoignit la foule.

en lui contant : en lui racontant.

une rainette : une petite grenouille généralement verte.

En ce temps-là, les oiseaux avaient aussi leur langage particulier, que tout le monde comprenait. Maintenant nous n'entendons plus que des pépiements, des gazouillis, des sifflements, et même, chez quelques-uns, une sorte de musique sans paroles.

Les oiseaux donc déclarèrent qu'ils ne voulaient plus rester sans maître et décidèrent de se donner un roi. Un seul d'entre eux s'y opposa•, le vanneau•. Libre il avait vécu, libre il entendait mourir. Il voletait farouchement• de droite et de gauche en pépiant : « Pie… pie… où irai-je ? » Finalement, il se retira dans un marais solitaire• et ne se montra plus jamais parmi ses semblables•.

Les oiseaux tinrent conseil• et, un beau matin de mai, ils arrivèrent tous, des bois, des champs, des jardins, l'aigle et le bouvreuil, le hibou et la corneille, l'alouette et le moineau…, que sais-je encore ! Le coucou lui-même arriva et la huppe, sa cousine germaine•, qui chante toujours quelques jours avant lui. Un tout petit oiseau, qui n'avait encore aucun nom, se mêla à la foule•. La poule, qui n'avait entendu parler de rien, s'étonna de ce rassemblement : « Quoi… quoi… que… que… c'est ? » caqueta-t-elle, mais le coq rassura sa gentille poulette en lui contant• ce dont il s'agissait.

Il fut alors décidé que l'oiseau qui volerait le plus haut serait le roi.

« Croi…yez-moi…, croi…yez-moi, attention ! » dit une rainette• assise dans un buisson, car elle prévoyait que le jugement coûterait bien des larmes. Mais la corneille répondit : « Cra… cra… tout ira bien ! »

sur le champ : tout de suite.

Le concours devait avoir lieu sur-le-champ•, mieux valait profiter de cette belle matinée, afin que personne ne pût dire ensuite : « Je serais monté bien plus haut, mais le soir qui tombait m'en a empêché ! » Sur un signal donné, tous les oiseaux s'envolèrent en même temps. Un nuage de poussière s'éleva du champ, l'air retentissait de bourdonnements, de cris et de sifflements ; on eût dit un gros nuage noir, montant vers le ciel.

Les plus petits oiseaux revinrent bientôt, ils ne pouvaient aller plus haut et retombaient à terre. Les plus grands tinrent plus longtemps, mais personne ne put tenir tête à l'aigle. Celui-ci montait si haut, si haut, qu'il aurait pu crever les yeux au soleil. Et quand il vit que tous les autres étaient restés loin derrière lui, il songea• : « Pourquoi voler plus haut ? N'es-tu pas le roi ? » Et il redescendit.

il songea : il pensa.

Les oiseaux l'accueillirent en criant : « Notre roi, tu seras notre roi ; personne n'a volé aussi haut que toi ! »

Comprendre ensemble pour écrire

1. Est-il vrai qu'autrefois on comprenait le langage des oiseaux ?
2. Que décidèrent les oiseaux ?
3. Que faudra-t-il faire pour devenir le roi des oiseaux ?
4. Quel est l'animal qui pense qu'il y aura des larmes ?
5. Pourquoi pourrait-il y avoir des larmes si on choisit le roi ainsi ?
6. Pourquoi le concours a-t-il lieu sur le champ ?

Le roitelet (2)

«Sauf moi», cria une petite voix, celle du tout petit oiseau sans nom qui s'était caché sous les plumes de l'aigle. Et comme il n'était pas fatigué, il s'éleva très haut [...]. Arrivé à ce point, il replia ses ailes et se laissa tomber en gazouillant d'une petite voix frêle*: «Cui, cui, le roi, c'est moi!»

«Toi, notre roi! s'écrièrent les oiseaux indignés*, c'est par ruse* que tu as gagné!»

Ils décidèrent de tenter une nouvelle épreuve. Le roi serait celui qui s'enfoncerait le plus profondément sous terre. Oh! comme l'oie se mit à caqueter en bombant sa large poitrine! Le coq se dépêcha de creuser un trou! Le canard n'eut pas de chance. Il sauta dans un fossé et se foula la patte. Clopin-clopant*, il se dirigea vers la mare en geignant*: «Coin... coin... point... point de chance!» Mais le petit oiseau sans nom chercha un trou de souris, s'y engouffra et cria de sa petite voix fine: «Cui... cui..., le roi, c'est moi!»

«Toi, notre roi! crièrent les oiseaux encore plus fâchés, crois-tu donc que nous sommes dupes* de tes ruses!» Ils résolurent* de le tenir enfermé dans son trou et de l'y laisser mourir de faim. Le hibou fut chargé de monter la garde, avec recommandation de ne pas laisser sortir le petit fripon, s'il tenait à la vie.

Le soir venu, tous les oiseaux, très fatigués de leur vol de la matinée, allèrent se coucher avec leur femme et leurs enfants. Le hibou resta tout seul devant le trou de souris, le fixant de ses

---

frêle: qui manque de force.

indignés: en colère car ils pensent qu'il a triché.

par ruse: il a trouvé un moyen habile pour tromper tout le monde et gagner.

clopin-clopant: en boitant.

en geignant: en se plaignant.

nous sommes dupes: nous sommes trompés.

ils résolurent: ils décidèrent.

las : fatigué.

gros yeux. Mais il était bien las* lui aussi, et il se dit : « Voyons, tu peux bien fermer un œil ; si l'autre reste ouvert, le petit misérable ne pourra pas sortir de son trou. »

Et il ferma l'œil droit, laissant l'autre ouvert pour bien surveiller l'entrée du trou. Le petit oiseau avança la tête pour essayer de sortir, mais le hibou s'avança tout de suite, et il fut obligé de rentrer. Puis le hibou ouvrit l'œil droit et ferma le gauche, et se disposa* à alterner* ainsi toute la nuit. Mais, une fois, il oublia d'ouvrir un œil pendant qu'il fermait l'autre, et à peine ses deux yeux furent-ils clos*, qu'il s'endormit profondément. Le petit oiseau s'en aperçut bien vite et se sauva.

se disposa : se prépara.
alterner : faire une chose, puis une autre, régulièrement.
clos : fermés.

Depuis ce moment, le hibou ne peut plus se montrer de jour, tous les autres oiseaux sont après lui et lui arrachent ses plumes. Il ne sort que la nuit, mais il déteste et pourchasse les souris, parce qu'elles font de si vilains trous. Le petit oiseau non plus ne se montre pas volontiers. Il niche dans les haies et gazouille parfois : « Cui, cui, le roi, c'est moi ! » Aussi tous les autres oiseaux, par dérision*, l'ont-ils appelé « le roitelet* ».

par dérision : pour se moquer.
le roitelet : le petit roi.

Mais la plus heureuse de tous de ne pas avoir besoin d'obéir au roitelet, c'est l'alouette. Sitôt que le soleil paraît, elle s'élance vers lui et chante :

« Ah ! que la vie est belle… belle… belle… Tiû… tiû… tiû…. Ah ! que la vie est belle ! »

Les frères Grimm, *Contes*, 1812, Librairie Hachette, 1875.

Comprendre ensemble pour écrire

1. Comment le petit oiseau sans nom fait-il pour être plus haut que l'aigle ?
2. Pourquoi les oiseaux sont-ils indignés ?
3. Que décident-ils alors ?
4. Qui est-ce qui gagne le nouveau concours ?
5. Que veut montrer l'auteur de ce conte ?
6. Pourquoi les oiseaux sont-ils encore plus fâchés ?
7. Pourquoi le hibou ferme-t-il alternativement un œil puis l'autre ?
8. Pourquoi le petit oiseau peut-il s'enfuir ?
9. Pourquoi le hibou ne peut-il plus se montrer le jour ?
10. Qu'est-ce qui a permis au petit oiseau de gagner contre ceux qui étaient plus gros et plus forts que lui ?

Partager le plaisir de lire – Lire et débattre

Les vacances du petit Nicolas (1)

Aujourd'hui, je pars en colonie de vacances et je suis bien content. La seule chose qui m'ennuie, c'est que Papa et Maman ont l'air un peu tristes ; c'est sûrement parce qu'ils ne sont pas habitués à rester seuls pendant les vacances.

Maman m'a aidé à faire la valise, avec les chemisettes, les shorts, les espadrilles, les petites autos, le maillot de bain, les serviettes, la locomotive du train électrique, les œufs durs, les bananes, les sandwiches au saucisson et au fromage, le filet pour les crevettes, le pull à manches longues, les chaussettes et les billes. Bien sûr, on a dû faire quelques paquets parce que la valise n'était pas assez grande, mais ça ira. Moi, j'avais peur de rater le train, et après le déjeuner, j'ai demandé à Papa s'il ne valait pas mieux partir tout de suite pour la gare. Mais Papa m'a dit que c'était encore un peu tôt, que le train partait à 6 heures du soir et que j'avais l'air bien impatient de les quitter. Et Maman est partie dans la cuisine avec son mouchoir, en disant qu'elle avait quelque chose dans l'œil.

Je ne sais pas ce qu'ils ont, Papa et Maman, ils ont l'air bien embêtés. Tellement embêtés que je n'ose pas leur dire que ça me fait une grosse boule dans la gorge quand je pense que je ne vais pas les voir pendant presque un mois. Si je le leur disais, je suis sûr qu'ils se moqueraient de moi et qu'ils me gronderaient.

Moi, je ne savais pas quoi faire en attendant l'heure de partir, et Maman n'a pas été contente quand j'ai vidé la valise pour prendre les billes qui étaient au fond.

— Le petit ne tient plus en place, a dit Maman à Papa. Au fond, nous ferions peut-être mieux de partir tout de suite.

— Mais, a dit Papa, il manque encore une heure et demie jusqu'au départ du train.

— Bah ! a dit Maman, en arrivant en avance, nous trouverons le quai* vide et nous éviterons les bousculades et la confusion*.

— Si tu veux, a dit Papa.

Nous sommes montés dans la voiture et nous

le quai : dans une gare, c'est le trottoir qui longe la voie.

la confusion : le désordre.

sommes partis. Deux fois, parce que la première, nous avons oublié la valise à la maison. À la gare, tout le monde était arrivé en avance. Il y avait plein de gens partout, qui criaient et faisaient du bruit. On a eu du mal à trouver une place pour mettre la voiture, très loin de la gare, et on a attendu Papa, qui a dû revenir à la voiture pour chercher la valise qu'il croyait que c'était Maman qui l'avait prise.

Dans la gare, Papa nous a dit de rester bien ensemble pour ne pas nous perdre. Et puis il a vu un monsieur en uniforme, qui était rigolo parce qu'il avait la figure toute rouge et la casquette de travers.

Comprendre ensemble pour écrire

1. Pourquoi les parents ont-ils l'air un peu tristes ?
2. La valise de Nicolas est-elle assez grande ?
3. Pourquoi Nicolas a-t-il vidé la valise ?
4. Pourquoi la maman veut-elle arriver en avance ?
5. Pourquoi ont-ils garé leur voiture loin de la gare ?
6. Combien de fois ont-ils oublié la valise ?

Partager le plaisir de lire – Lire et débattre

Les vacances du petit Nicolas (2)

— Pardon, monsieur, a demandé Papa, le quai numéro 11, s'il vous plaît ?

— Vous le trouverez entre le quai numéro 10 et le quai numéro 12, a répondu le monsieur. Du moins, il était là-bas la dernière fois que j'y suis passé.

— Dites donc, vous… a dit Papa ; mais Maman a dit qu'il ne fallait pas s'énerver ni se disputer, qu'on trouverait bien le quai tout seuls. Nous sommes arrivés devant le quai, qui était plein, plein, plein de monde, et Papa a acheté, pour lui et Maman, trois tickets de quai. Deux pour la première fois et un pour quand il est retourné chercher la valise qui était restée devant la machine qui donne les tickets.

— Bon, a dit Papa, restons calmes. Nous devons aller devant la voiture Y•. Comme le wagon qui était le plus près de l'entrée du quai, c'était la voiture A, on a dû marcher longtemps, et ça n'a pas été facile, à cause des gens, des chouettes petites voitures pleines de valises et de paniers et du parapluie du gros monsieur qui s'est accroché au filet à crevettes, et le monsieur

la voiture : le wagon ; chaque wagon porte une lettre au lieu d'un numéro.

et Papa se sont disputés, mais Maman a tiré Papa par le bras, ce qui a fait tomber le parapluie du monsieur qui était toujours accroché au filet à crevettes. Mais ça s'est très bien arrangé, parce qu'avec le bruit de la gare, on n'a pas entendu ce que criait le monsieur.

Devant le wagon Y, il y avait des tas de types de mon âge, des papas, des mamans et un monsieur qui tenait une pancarte où c'était écrit « Camp Bleu » : c'est le nom de la colonie de vacances où je vais. Tout le monde criait. Le monsieur à la pancarte avait des papiers dans la main, Papa lui a dit mon nom, le monsieur a cherché dans ses papiers et il a crié : « Lestouffe ! Encore un pour votre équipe ! » Et on a vu arriver un grand, il devait avoir au moins dix-sept ans, comme le frère de mon copain Eudes, celui qui lui apprend à boxer.

— Bonjour, Nicolas, a dit le grand. Je m'appelle Gérard Lestouffe et je suis ton chef d'équipe. Notre équipe, c'est l'équipe Œil-de-Lynx.

Et il m'a donné la main*. Très chouette.

— Nous vous le confions, a dit Papa en rigolant.

— Ne craignez rien, a dit mon chef ; quand il reviendra, vous ne le reconnaîtrez plus.

Et puis Maman a encore eu quelque chose dans l'œil et elle a dû sortir son mouchoir. Une dame, qui tenait par la main un petit garçon qui ressemblait à Agnan, surtout à cause des lunettes, s'est approchée de mon chef et elle lui a dit :

— Vous n'êtes pas un peu jeune pour prendre la responsabilité de surveiller des enfants ?

— Mais non, madame, a répondu mon chef. Je suis moniteur diplômé ; vous n'avez rien à craindre.

il m'a donné la main : il m'a serré la main.

Comprendre ensemble pour écrire

1. Ce train a-t-il beaucoup de wagons ?
2. Pourquoi Papa s'est-il disputé avec un monsieur ?
3. Ont-ils encore oublié la valise quelque part ?
4. Quel est le nom de la colonie de vacances de Nicolas ?
5. Comment s'appelle le moniteur de Nicolas ?
6. La mère de Nicolas a-t-elle vraiment « quelque chose dans l'œil » ?
7. Pourquoi la dame n'a-t-elle pas envie de faire confiance au moniteur ?
8. Qu'est-ce qui fait penser que cette dame est inquiète de voir son fils partir en colonie ?

Les vacances du petit Nicolas (3)

— Ouais, a dit la dame, enfin... Et comment faites-vous la cuisine ?

— Pardon ? a demandé mon chef.

— Oui, a dit la dame, vous cuisinez au beurre, à l'huile, à la graisse ? Parce que je vous préviens tout de suite, le petit ne supporte pas la graisse. C'est bien simple : si vous voulez qu'il soit malade, donnez-lui de la graisse !

— Mais madame... a dit mon chef.

— Et puis, a dit la dame, faites-lui prendre son médicament avant chaque repas, mais surtout pas de graisse ; ce n'est pas la peine de leur donner des médicaments si c'est pour les rendre malades. Et faites bien attention qu'il ne tombe pas pendant les escalades.

— Les escalades ? a demandé mon chef, quelles escalades ?

— Eh bien, celles que vous ferez en montagne ! a répondu la dame.

— En montagne ? a dit mon chef. Mais il n'y a pas de montagnes où nous allons, à Plage-les-Trous.

— Comment ! Plage-les-Trous ? a crié la dame. On m'a dit que les enfants allaient à Sapins-les-Sommets. Quelle organisation ! Bravo ! Je disais bien que vous étiez trop jeune pour...

— Le train pour Sapins-les-Sommets, c'est à la voie 4, madame, a dit un monsieur en uniforme, qui passait. Et vous feriez bien de vous dépêcher, il part dans trois minutes.

— Oh ! mon Dieu ! a dit la dame, je n'aurai même pas le temps de leur faire des recommandations !

Et elle est partie en courant avec le type qui ressemblait à Agnan.

Et puis on a entendu un gros coup de sifflet et tout le monde est monté dans les wagons en criant, et le monsieur en uniforme est allé voir le monsieur à la pancarte et il lui a demandé d'empêcher le petit imbécile qui jouait avec un sifflet de mettre la pagaille° partout. Alors, il y en a qui sont descendus des wagons, et ce n'était pas facile à

la pagaille : le désordre.

cause de ceux qui montaient. Des papas et des mamans criaient des choses, en demandant qu'on n'oublie pas d'écrire, de bien se couvrir et de ne pas faire de bêtises. Il y avait des
40 types qui pleuraient et d'autres qui se sont fait gronder parce qu'ils jouaient au football sur le quai, c'était terrible. On n'a même pas entendu le monsieur en uniforme qui sifflait, il en avait la figure toute foncée•, comme s'il revenait de vacances. Tout le monde a embrassé tout le monde et le train
45 est parti pour nous emmener à la mer. Moi, je regardais par la fenêtre, et je voyais mon papa et ma maman, tous les papas et toutes les mamans, qui nous faisaient « au revoir » avec leurs mouchoirs. J'avais de la peine. C'était pas juste, c'était nous qui partions, et eux ils avaient l'air tellement plus fatigués
50 que nous. J'avais un peu envie de pleurer, mais je ne l'ai pas fait, parce qu'après tout, les vacances, c'est fait pour rigoler et tout va très bien se passer. Et puis, pour la valise, Papa et Maman se débrouilleront sûrement pour me la faire porter par un autre train.

55 Tout seul, comme un grand, Nicolas est parti à la colo. Et s'il a eu un moment de faiblesse• en voyant ses parents devenir tout petits, là-bas, au bout du quai de la gare, Nicolas retrouvera le bon moral qui le caractérise•, grâce au cri de
60 ralliement• de son équipe…

Jean-Jacques Sempé et René Goscinny, *Les vacances du petit Nicolas*, Éditions Denoël, 1962, 2003.

la figure toute foncée : la figure rouge foncé.

un moment de faiblesse : Nicolas n'a pas été assez fort, il a eu envie de pleurer.

le bon moral qui le caractérise : on peut décrire Nicolas comme un enfant qui a toujours bon moral.

cri de ralliement : chaque équipe a un cri particulier qui permet de se retrouver facilement.

Comprendre ensemble pour écrire

1. Pourquoi la dame demande-t-elle au moniteur comment il fait la cuisine ?
2. Où Nicolas va-t-il en vacances ?
3. Où l'autre petit garçon doit-il aller ?
4. Pourquoi la dame doit-elle se dépêcher ?
5. Que se passe-t-il quand les gens entendent le coup de sifflet ?
6. Pourquoi Nicolas a-t-il envie de pleurer ?
7. Qu'est-il arrivé à la valise de Nicolas ?
8. Nicolas restera-t-il triste longtemps ?
9. Combien de fois la valise a-t-elle été oubliée dans toute l'histoire ?
10. Est-ce que ce départ en colonie est plutôt gai ou plutôt triste pour les parents et pour l'enfant ?
11. Est-ce que c'est plutôt drôle ou plutôt triste qu'ils aient oublié la valise aussi souvent ?
12. Dans toute l'histoire :
    – qu'est-ce qui vous a rendus tristes ?
    – qu'est-ce qui vous a fait rire ?

Le Magicien d'Oz (1)

un cyclone : une violente tempête qui peut emporter les gens et même des maisons.

les lieux : l'endroit.

1 *C'est vers un pays bien étrange et merveilleux que Dorothée et Toto, son petit chien, se trouvent emportés par un cyclone•. Mais malgré la beauté des lieux•, la fillette n'a qu'une envie : rentrer chez elle au plus tôt. Lorsqu'elle apprend que seul le Grand*
5 *Magicien de ce fabuleux pays d'Oz peut l'aider, elle part à sa recherche. En chemin, l'Épouvantail, le Bûcheron-en-fer-blanc et le Lion Poltron qu'elle rencontre décident de l'accompagner jusqu'à la mystérieuse Cité d'Émeraude.*

La délivrance du Bûcheron-en-fer-blanc

Quand Dorothée se réveilla, le soleil brillait à travers les ar-
10 bres et Toto, depuis un bon moment, était occupé à chasser les oiseaux autour d'elle. L'Épouvantail était toujours là, debout, qui l'attendait patiemment dans son coin.

— Nous devons aller chercher de l'eau, lui dit-elle.

— Pourquoi voulez-vous de l'eau ? demanda-t-il, étonné.

15 — Pour me nettoyer la figure de la poussière de la route et aussi pour boire, sinon je vais m'étrangler avec le pain sec.

la chair : la partie molle du corps (sous la peau).

d'un ton pensif : il réfléchit en parlant.

la cervelle : le cerveau (on réfléchit avec son cerveau).

une chaumière : une maison avec un toit de paille.

se désaltérer : boire pour calmer sa soif.

savoir gré : être content.

— Cela ne doit pas être très pratique d'être de chair•, dit l'Épouvantail d'un ton pensif•, car il vous faut dormir, boire et manger. En revanche, vous avez de la cervelle• et cela vaut la peine de supporter tous ces ennuis pour pouvoir penser comme il faut.

Après avoir quitté la chaumière•, ils marchèrent au milieu des arbres et arrivèrent jusqu'à une petite source d'eau claire ; Dorothée s'y désaltéra•, se baigna et avala son déjeuner. Elle constata qu'il ne restait pas beaucoup de pain dans le panier et la fillette savait gré• à l'Épouvantail de ne pas avoir à manger du tout, car il leur restait tout juste de quoi tenir la journée, elle et Toto.

Comprendre ensemble pour écrire

1. Qu'est-ce qu'un bûcheron ?
2. Qui est-ce qui accompagne Dorothée ?
3. Pourquoi Dorothée veut-elle de l'eau ?
4. Pourquoi l'épouvantail pense-t-il que ce n'est pas pratique d'être « de chair » ?
5. Quel avantage trouve-t-il à ceux qui sont « de chair » ?
6. Pourquoi Dorothée était-elle contente que l'Épouvantail ne mange pas ?

Partager le plaisir de lire – Lire et débattre

Le Magicien d'Oz (2)

la route pavée de briques : la route n'est pas goudronnée, elle est recouverte de briques.

la moindre idée : la plus petite idée.

les articulations : les endroits du corps qui permettent de bouger et de se plier.

avec stupeur : avec un grand étonnement.

Après avoir déjeuné, elle s'apprêtait à regagner la route pavée de briques jaunes, quand un gémissement profond, non loin de là, la fit sursauter.

— Qu'est-ce que je viens d'entendre ? demanda-t-elle timidement.

— Je n'en ai pas la moindre idée, répliqua l'Épouvantail, mais on peut toujours aller voir. Au même moment parvint à leurs oreilles un autre gémissement qui semblait venir de derrière eux. Ils se retournèrent et firent quelques pas dans la forêt. Dorothée remarqua alors dans un rayon de soleil quelque chose qui brillait entre les arbres. Elle courut dans cette direction et s'arrêta net en poussant un cri de surprise.

L'un des gros arbres était à moitié coupé et juste à côté, tenant une hache en l'air, se trouvait un homme entièrement fait de fer-blanc. Sa tête, ses bras et ses jambes étaient fixés à son corps par des articulations mais il restait parfaitement immobile et donnait l'impression de ne pas pouvoir bouger du tout. Dorothée le regarda avec stupeur, l'Épouvantail fit de même ; quant à Toto, il jappa nerveusement et essaya de planter ses dents dans les mollets de fer-blanc mais ne réussit qu'à se faire mal.

— Vous avez gémi ? demanda Dorothée.
— Oui, répondit l'homme. Vous avez bien entendu. Voilà plus d'un an que je gémis, et personne jusqu'ici ne m'a entendu ou n'est venu à mon secours.
— Est-ce que je peux vous aider ? s'enquit-elle• doucement, émue par la voix triste de l'homme.
— Allez chercher un bidon d'huile et huilez mes articulations, répondit-il. Je ne peux faire aucun mouvement, tellement elles sont rouillées ; un bon graissage va me remettre d'aplomb. Vous trouverez un bidon d'huile sur une étagère, dans la chaumière.

Aussitôt, Dorothée retourna à la chaumière en courant et trouva le bidon d'huile ; puis elle revint et demanda, inquiète :
— Où sont vos articulations ?
— Huilez-moi d'abord le cou, répliqua le Bûcheron-en-fer-blanc.

Dorothée s'exécuta•, et comme il était vraiment très rouillé, l'Épouvantail saisit la tête à deux mains et la fit bouger doucement dans tous les sens jusqu'à ce qu'elle remue librement : l'homme put alors la tourner tout seul.
— Huilez maintenant les jointures des bras, dit-il.

Dorothée les huila et l'Épouvantail les replia doucement jusqu'à ce qu'elles soient entièrement débarrassées de leur rouille et les bras remis à neuf.

s'enquit-elle : demanda-t-elle.

elle s'exécuta : elle obéit.

Comprendre ensemble pour écrire

1. Qu'est-ce qui fait sursauter Dorothée ?
2. Pourquoi Toto s'est-il fait mal ?
3. Qu'avait fait l'homme avec sa hache ?
4. Quel était son métier ?
5. Pourquoi l'homme ne peut-il plus bouger ?
6. Que faudra-t-il faire pour qu'il puisse de nouveau bouger ?
7. Qui est-ce qui aide le Bûcheron-en-fer-blanc ?
8. Que faut-il faire pour l'aider ?

Le Magicien d'Oz (3)

Le Bûcheron-en-fer-blanc poussa un soupir de satisfaction puis il baissa sa hache et l'appuya contre l'arbre.

— Je me sens beaucoup mieux, dit-il, je tiens cette hache en l'air depuis que j'ai commencé à rouiller, et je suis heureux de pouvoir enfin la poser. Si vous voulez bien maintenant huiler les articulations des jambes, ce sera parfait. Ils huilèrent donc ses jambes jusqu'à ce qu'il puisse les remuer à sa guise*, et il les remercia mille fois de l'avoir ainsi délivré, car il donnait l'impression d'être quelqu'un de très poli et de très reconnaissant.

— J'aurais fini mes jours* dans cette position si vous n'étiez pas passés, dit-il, vous m'avez donc certainement sauvé la vie. Par quel hasard êtes-vous venus jusqu'ici ?

— Nous nous rendons à la Cité d'Émeraude pour rencontrer Oz-le-Grand, répondit Dorothée, et nous avons fait une halte à votre chaumière pour y passer la nuit.

— Pourquoi devez-vous voir Oz ? demanda-t-il.

— Je veux qu'il me ramène au Kansas* ; quant à l'Épouvantail, son désir, c'est d'obtenir, grâce à Oz, un peu de cervelle dans la tête, répliqua-t-elle.

Le Bûcheron-en-fer-blanc sembla un instant perdu dans ses réflexions. Puis il dit :

— À votre avis, Oz pourrait-il me donner un cœur ?

— Moi, je pense que oui, répondit Dorothée, s'il peut donner de la cervelle à l'Épouvantail, il pourra aussi facilement vous donner un cœur.

— Très juste, répliqua le Bûcheron-en-fer-blanc. Si donc vous me permettez de me joindre à votre groupe, moi aussi, je vais aller à la Cité d'Émeraude et demander à Oz de m'aider.

— Vous êtes le bienvenu parmi nous, dit aimablement l'Épouvantail. Et Dorothée ajouta qu'elle serait ravie d'avoir sa compagnie.

à sa guise : comme il en a envie.

j'aurais fini mes jours : je serais resté là pour toujours.

le Kansas : un État des États-Unis d'Amérique.

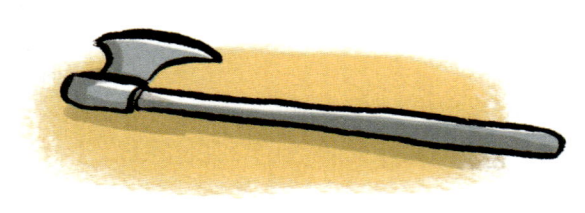

Le Bûcheron-en-fer-blanc mit donc sa hache sur l'épaule et ils traversèrent tous la forêt pour retrouver la route pavée de briques jaunes.

Le Bûcheron-en-fer-blanc avait demandé à Dorothée de mettre le bidon d'huile dans son panier.

— Car, dit-il, si la pluie me surprend et que je rouille encore, j'en aurai bien besoin.

Comprendre ensemble pour écrire

1. Observez une carte de l'Amérique du Nord et situez l'état du Kansas.
2. Pourquoi le Bûcheron-en-fer-blanc se sent-il mieux ?
3. Pourquoi est-il reconnaissant envers eux ?
4. Pourquoi le Bûcheron-en-fer-blanc veut-il se joindre à eux ?
5. Pourquoi Dorothée met-elle le bidon d'huile dans son panier ?

Le Magicien d'Oz (4)

le sort : le hasard.

inextricablement emmêlés : tellement emmêlés qu'ils ne peuvent pas les séparer pour passer.

jadis : autrefois.

le cœur : il envoie le sang dans le corps ; on dit aussi qu'on aime avec son « cœur ».

1 Le sort° avait bien fait les choses en donnant à leur groupe ce nouveau compagnon, car peu après leur départ, ils arrivèrent à un endroit où les arbres et les branches inextricablement emmêlés°, empêchaient les voyageurs d'avancer. Mais le
5 Bûcheron-en-fer-blanc se mit au travail et, à l'aide de sa hache, il ne tarda pas à ouvrir un passage pour tout le monde. Dorothée, en marchant, réfléchissait tellement qu'elle ne remarqua pas que l'Épouvantail était tombé dans un trou et avait roulé jusqu'au bord du chemin. Il fut obligé d'appeler la fillette à son
10 secours.

— Pourquoi n'avez-vous pas contourné le trou ? demanda le Bûcheron-en-fer-blanc.

— Je ne réfléchis pas assez, répliqua joyeusement l'Épouvantail, j'ai la tête bourrée de paille.

15 — Oh ! je vois, dit le Bûcheron-en-fer-blanc. Mais, après tout, la cervelle n'est pas le bien le plus précieux du monde.

— En avez-vous ? questionna l'Épouvantail.

— Non, j'ai la tête entièrement vide, répondit le Bûcheron mais j'ai eu jadis° de la cervelle et aussi un cœur°. C'est pour-
20 quoi, après avoir essayé les deux, je préfère de beaucoup avoir un cœur…

— Malgré tout, dit l'Épouvantail, moi, je demanderai de la cervelle au lieu d'un cœur, car à quoi bon avoir un cœur quand on est un sot ?

— Moi, je prendrai le cœur, répliqua le Bûcheron-en-fer-blanc, car la cervelle ne rend pas heureux et le bonheur est le bien le plus précieux du monde. Dorothée ne disait mot, cela l'intriguait° de savoir lequel de ses deux amis avait raison.

Mais en fin de compte, cela lui était plutôt égal que le Bûcheron n'eût pas de cervelle ni l'Épouvantail de cœur ou que chacun vît son vœu exaucé°, pourvu qu'elle retrouvât le Kansas et tante Em.

Ce qui la tracassait° le plus, c'était qu'il ne restait presque plus de pain, ou tout juste de quoi faire un dernier repas pour elle et Toto. Certes, ni le Bûcheron ni l'Épouvantail ne mangeaient jamais rien, mais elle n'était pas en fer-blanc, encore moins en paille, et il lui fallait manger pour vivre.

L. Frank Baum, *Le Magicien d'Oz*, traduction Yvette Métrai, Éditions Nord-Sud, 1996.

cela l'intriguait : cela excitait sa curiosité.

que chacun vît son vœu exaucé : que le désir de chacun soit satisfait.

ce qui la tracassait : ce qui lui donnait du souci.

Comprendre ensemble pour écrire

1. Pourquoi le sort a-t-il bien fait les choses ?
2. Pourquoi l'Épouvantail fut-il obligé d'appeler au secours ?
3. Pourquoi l'Épouvantail n'a-t-il pas contourné le trou ?
4. Quel est le bien le plus précieux pour le Bûcheron-en-fer-blanc ?
5. Quel est le bien le plus précieux pour l'Épouvantail ?
6. Quel est le vœu de Dorothée ?
7. Qu'est-ce qui tracassait le plus Dorothée ?
8. À quoi peut servir « la cervelle » ?
9. À quoi peut servir « le cœur » ?
10. Quel est le bien le plus précieux pour vous, « la cervelle » ou « le cœur » ?

Crédits d'images

Illustrations

- **Élodie Balandras** – Le Grand Nord des Inuits (p. 26-27) – Pierre et le loup (p. 60-63) – La leçon de pêche (p. 80-81) – Les Fleurs de la Petite Ida (p. 118-125) – Le roitelet (p. 142-145).
- **Éric Héliot** – Manger est un plaisir (p. 30-31) – Manger pour vivre (p. 68-69) – Qui mange qui et quoi ? (p. 84-85) – C'est avec du vieux qu'on fait du neuf (p. 86-87) – Un énorme appétit (p. 94-95) – Le petit violon (p. 114-117).
- **Nouchca** – Ponctuation (p. 12-13) – L'écolier (p. 24-25) – Une histoire à suivre (p. 41) – Les beaux métiers (p. 70-71) – Dinosaures et autres Bêtosaures (p. 82-83) – Le léopard (p. 88-89) – Homonymes (p. 93) – L'air en conserve (p. 99) – L'eau vive (p. 100-101) – Les animaux ont des ennuis (p. 110-111).
- **Laurent Richard** – Bidochet le petit ogre (p. 8-11) – Danny, le champion du monde (p. 42-43) – L'histoire de la forêt des arbres à pendules (p. 58-59) – La légende d'Icare (p. 96-98) – Le Corbeau et le Renard (p. 140-141).
- **Maud Riemann** – Pinocchio (p. 20-23) – Tistou les pouces verts (p. 76-79) – Dimitri le frileux (p. 82-83) – Le Magicien d'Oz (p. 152-159).
- **Béatrice Rodriguez** – Pourquoi les conifères sont toujours verts (p. 34-40) – L'autobus (p. 48-51) – La fuite des animaux (p. 72-75) – Une vie d'arbre (p. 92) – Scoubidou, la poupée qui sait tout (p. 126-139).

Illustrations d'origine

Jean-Louis Besson (p. 104-105) • **Quentin Blake** (p. 32-33 ; p. 54-57) • **Derib** (p. 112) • **Claude Lapointe** (p. 45-47) • **Yvan Pommaux** (p. 16-19) • **Antoine de Saint-Exupéry** (p. 90) • **Nestor Salas** (p. 14-15) • **Jean-Jacques Sempé** (p. 64-67 ; 146-151).

Photographies

p. 28 (HG) J. Van Eyck, *Les Epoux Arnolfini*, 1434 © National Gallery, Londres – (HD) P. Véronèse, *Le Comte Iseppo da Porto avec son fils Adriano*, 1555-1556 © Electa/Leemage – (BG) J. Vermeer, *La Dentellière*, vers 1664 © Aisa/Leemage – (BD) M.E.L. Vigée-Lebrun, *Marie-Antoinette et ses enfants*, 1787 © MP/Leemage.

p. 29 (H) A. Renoir, *Deux fillettes en train de lire*, 1895 © Photo Josse/Leemage – (BG) A. Renoir, *Maternité* dit aussi *L'Enfant au sein*, 1885 © Electa/Leemage – (BD) P. Picasso, *Maya à la poupée*, 1938 © Photo Josse/Leemage – © Succession Picasso, 2009.

p. 44 Bruegel, *Jeux d'enfants*, © Akg-images, Paris.

p. 52-53 © Norbert Aujoulat - Centre national de Préhistoire - Ministère de la Culture et de la Communication.

p. 106 © Mozaikimages.com – **p. 107** © Photo12.com/Alamy.

p. 108 (HG) François-Xavier Lalanne, *Troupeau de moutons*, 1965 (Musée national d'Art moderne, Centre Georges Pompidou, Paris) © Photo CNAC/MNAM, Dist. RMN/Philippe Migeat © Adagp Paris, 2009 – (HD) Abeille en bronze doré ayant servi à la décoration de Notre-Dame lors du sacre de Napoléon 1er (Musée de l'Armée, Paris), © Paris/Musée de l'Armée, Dist. RMN/Pascal Segrette – (M) Cimier-poisson, art africain (Musée du Quai Branly, Paris) © RMN/Jean-Gilles Berizzi – (B) Statuette d'hippopotame en faïence bleue, 11e dynastie, vers 2016-1963 avant Jésus-Christ (Musée du Louvre, Paris), © Photo Josse/Leemage.

p. 109 (HG) *Homard géant* de J. Mariscal, 1988, port de Barcelone © graficart.net/Alamy, © Adagp Paris, 2009 – (HD) *Chauve-souris* de César, 1954 (Musée national d'Art moderne – Centre Georges Pompidou, Paris) © Photo CNAC/MNAM Dist. RMN/droits réservés – (MG) Tortue en stéatite, Chine, VIIe siècle, © Heritage images/Leemage – (MD) Niki de Saint-Phalle et Jean Tinguely : tête d'éléphant, 1982-1983. Place Igor Stravinsky, Paris © Dagli Orti/Nicolas Sapieha/Picturedesk © Niki Charitable Art Foundation/Adagp, Paris 2009 – (BG) Aigle à Dubaï (Émirats Arabes Unis) © Deco/Alamy – (BD) *Rhinocéros* de X. Veilhan, 1999 (Musée national d'Art Moderne – Centre Georges Pompidou, Paris) © Photo CNAC/MNAM, Dist. RMN/Georges Meguerditchian © Adagp Paris, 2009.

Imprimé en France par Maury – 45330 Malesherbes
N° d'imprimeur : 143543 - N° d'édition : 004947-01
Dépôt légal : janvier 2009